La France est une démocratie pluraliste représentative, fondée sur le principe de la souveraineté nationale : les citoyens donnent mandat, par leur vote, aux élus pour décider des lois au nom de la nation, ce qui exclut l'existence d'une opinion extérieure aux Assemblées comme source du droit. Au XIXe siècle, les représentants du peuple étaient des élus indépendants qui votaient librement à l'Assemblée, en dehors de tout impératif de parti. Au XXe siècle, les partis politiques ont absorbé progressivement ce rôle de représentation des citoyens. Par leur quasi monopole électoral, les partis mobilisent l'opinion, structurent le vote des électeurs et concourent à la formation de la volonté politique du peuple au Parlement.

Autre fonction des partis : ils fournissent le personnel politique. La grande majorité des ministres et secrétaires d'État composant les gouvernements sous la IVe et la Ve République sont des hommes de parti. Ensuite, par les programmes qu'ils élaborent, les partis contribuent à la formation des politiques publiques. Le parti ou la coalition de partis qui arrive au pouvoir après avoir remporté les élections législatives, met (ou promet de mettre) en application son programme par de multiples mesures et réformes. Interprètes du peuple auprès du pouvoir, ils se chargent aussi de faire admettre aux citoyens les nécessités gouvernementales.

L'emprise des partis sur la vie politique s'accentue à partir de 1958. Pour la première fois, leur existence est reconnue dans la Constitution de la Ve République (article 4). Le système politique devient rigide : les élus se conforment aux consignes de vote des instances dirigeantes des partis. Sous la IVe République, les votes à l'Assemblée se déterminent selon les majorités d'idées, sous la Ve, ils s'expriment en fonction de l'appartenance partisane.

En France, le système partisan a été instable en longue période : les partis, nombreux, ont souvent changé d'étiquette. Ainsi le mouvement gaulliste : de RPF en 1947, devient UNR en 1958, UDR en 1967 puis RPR en 1976. Cela explique, en partie, que l'identification à la gauche ou à la droite, née pendant la Révolution de 1789, ait structuré les attitudes des citoyens et le système politique français. Utile point de repère, la dimension droite/gauche est un système d'opposition dont les contenus varient. Ainsi, sous la IVe et la Ve République, plusieurs enjeux séparent, pour certains seulement par périodes, la droite de la gauche : le rôle de la religion dans la société, celui de l'État dans l'économie et la collectivité nationale, le libéralisme culturel... Dans le modèle libéral, les partis représentent donc des clivages idéologiques, c'est-à-dire des idées, à la différence du modèle marxiste où les partis politiques traduisent des clivages sociaux. En fait, plusieurs facteurs entrent en jeu pour déterminer le vote pour un parti : les idées, le sentiment d'appartenance à une «classe» sociale, la religion, la tradition familiale...

Sous la IVe République, de 1946 à 1958, les partis politiques ont mal assumé leur rôle d'intermédiaire. Nombreux, divisés et instables, les partis de gouvernement doivent, dès 1947, faire face à une double opposition. Absorbés alors par leur lutte pour le pouvoir, ils se coupent de la population et s'aveuglent sur les grandes questions qui se posent au pays. La IVe meurt en 1958, impuissante à affronter la décolonisation de l'Algérie.

Appelé au pouvoir, de Gaulle marque de son empreinte la nouvelle Constitution, originale, de la Ve République et la vie politique française. Le système politique se transforme, contraignant les partis à se structurer dans une opposition ou une majorité et permettant une stabilité de gouvernement exceptionnelle. Les Français se reconnaissent dans le nouveau système politique. À la fin des années 80, avec la crise économique, les partis ne semblent plus à même de répondre aux demandes de la population. D'où une désaffection des citoyens à l'égard de ces partis politiques impuissants et «fossilisés».

Béatrice Compagnon
Anne Thevenin

Les Français
et leurs partis politiques
(1944-1993)

HATIER

SOMMAIRE

Chapitre 1

LA DÉMOCRATIE SANS LE PEUPLE

*À la Libération, les Français plébiscitent les partis
de gauche et votent une nouvelle Constitution.
Très vite, le régime est paralysé par une double
opposition. Les partis s'enlisent alors dans leurs
querelles. Les Français se détachent de la nouvelle
République née en 1946. Sous l'effet de la croissance,
les anciennes structures économiques et sociales
craquent. Résistance au changement, aspiration
à la modernisation, Pierre Mendès France et Pierre
Poujade sauront représenter les citoyens
qui n'ont pas trouvé dans les partis politiques
présents, une réponse à leurs attentes.*

L'APRÈS-GUERRE :
À GAUCHE TOUTE ?

La gauche plébiscitée

Juin 1944, les Alliés débarquent en Normandie. Août 1944, Paris est libéré. Le pays est désorganisé, les voies de communication coupées, l'appareil de production hors d'état de marche. L'Allemagne résiste et ne capitule qu'en mai 1945. La personnalité du général de Gaulle domine alors la vie politique. Il est acclamé par les Français comme le libérateur de la France. Chef du GPRF, Gouvernement provisoire de la République française, il compose en septembre 1944 un gouvernement « d'unanimité nationale » auquel participent des communistes, des socialistes, des radicaux, des républicains populaires, des « gaullistes » et aussi un modéré, représentant de la droite libérale. Il s'appuie sur l'opinion publique par de nombreuses allocutions radiophoniques et par de fréquents voyages en province. Nouveauté à l'époque, il décide de consulter, par référendum, les Français sur la question du régime politique.

À la Libération, un vent de renouveau souffle sur la France. Tout semble possible. Dans un climat d'unanimisme et d'euphorie, les Français communient dans un même esprit de la Résistance, pour instaurer une « véritable démocratie économique et sociale » (Charte du CNR, Conseil national de la Résistance, organe représentatif de la Résistance intérieure).

Le GPRF s'attèle à mettre en œuvre ce projet. Dans le domaine économique, nationalisations et instauration d'un service public important ; dans le domaine social, création de la Sécurité sociale, institution des comités d'entreprise. C'est la naissance de l'État-providence. L'État doit être propriétaire des moyens de production essentiels et garant de la justice sociale. Avec ces réformes, les travailleurs font entendre leur voix dans l'entreprise. Une nouvelle Constitution est élaborée, avec en préambule l'affirmation des droits sociaux, droit au travail, à la retraite, à l'instruction, à la culture... La presse de la Résistance, la seule autorisée à paraître à la Libération, avec notamment *Combat, le Monde*, et les organes communistes, *l'Humanité, ce Soir*, donne le ton et la coloration aux événements de l'immédiat après-guerre.

Les forces politiques conservatrices, dont les «modérés», se sont évaporées. Elles sont identifiées au régime de Vichy, même si des hommes de droite tel Joseph Laniel, ont participé à la Résistance. La plupart de ses dirigeants d'avant-guerre sont inéligibles en 1946. Même le Parti radical, puissant parti de gauche avant-guerre, s'effondre, assimilé à la IIIe République et à la défaite du régime en 1940. De plus, ces forces n'offrent aucun projet correspondant aux espoirs des Français à la Libération. Les Français plébiscitent alors les partis de gauche : la SFIO, Section française de l'Internationale ouvrière et le PCF, Parti communiste français obtiennent la majorité absolue des sièges aux élections législatives d'octobre 1945. Le MRP, Mouvement républicain populaire, nouveau parti né en novembre 1944, s'affirme aussi comme un grand parti de gauche, avec 23,6 % des voix.

Le PCF, au lendemain de la guerre, domine la vie politique française. Il est né de la scission de la SFIO, au Congrès de Tours en décembre 1920, à l'appel des bolchéviks au pouvoir en Russie depuis 1917. C'est alors un groupuscule qui privilégie la stratégie léniniste d'action au sein de la classe ouvrière et de lutte frontale classe contre classe. Souhaitant préserver à tout prix la jeune Russie soviétique, berceau de la future société communiste, le PCF est considéré avant tout comme le parti de l'étranger. Dès 1940, des communistes isolés se sont élevés contre l'occupant, mais c'est seulement en juin 1941, lorsque l'Allemagne envahit l'URSS, que le PCF est passé à la Résistance.

En 1944, il est le plus puissant et le mieux organisé des partis français. Plusieurs ministres communistes participent au gouvernement, 900 000 adhérents prennent leur carte en 1946, et autant de sympathisants ; 26,2 % des Français votent pour lui aux élections législatives de 1945, de nombreux intellectuels s'engagent à ses côtés, sa presse nationale et régionale tire à 10 millions d'exemplaires. La CGT, Confédération générale du travail, 5 millions de membres, passe sous le contrôle du parti. À la tête de la centrale syndicale, Benoît Frachon, par ailleurs membre de la direction du PCF. Le parti qui jusqu'alors occupait quelques places fortes, devient national en s'implantant sur tout le territoire. Sa base sociologique ? Essentiellement ouvrière (les ouvriers représentent alors un tiers de la population active), mais il puise également des voix chez les paysans et les employés. Le parti exerce une véritable «dictature» morale. Son immense prestige vient de son action dans la Résistance et de la vaillance de l'Union Soviétique dont les sacrifices ont permis de vaincre l'Allemagne hitlérienne. À l'instar de l'Amérique, ce pays représente un modèle pour de nombreux Français. Il a su allier l'efficacité au souci de la justice sociale. Nombre de jeunes sont devenus communistes pendant la guerre car c'était le seul parti fortement structuré qui offrait une résistance à l'occupant. Il doit également sa force au fait qu'il est le plus à gauche des partis français dans une période où la majorité de la population aspire à un renouveau. Sa légitimité est aussi renforcée par sa participation au gouvernement en 1944. C'est une première historique.

Quelle stratégie vont adopter les communistes ? Le PCF peut déclencher une révolution et prendre le pouvoir. Certains l'espèrent. Mais les communistes se déclarent avant tout républicains et patriotes. Le parti clame la nécessité d'une armée

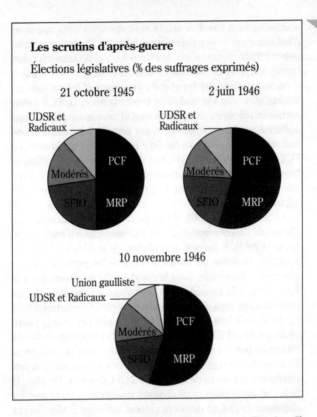

Les scrutins d'après-guerre

Élections législatives (% des suffrages exprimés)

21 octobre 1945

2 juin 1946

UDSR et Radicaux

UDSR et Radicaux

Modérés

Modérés

SFIO

SFIO

PCF

PCF

MRP

MRP

10 novembre 1946

Union gaulliste

UDSR et Radicaux

Modérés

SFIO

PCF

MRP

forte et veille à ce que la France conserve son Empire. Il affirme la possibilité d'une voie française vers le socialisme. Il contribue largement au consensus de cet immédiat après-guerre : en soutenant de Gaulle, en gommant les luttes de classe et en imposant des mots d'ordre productivistes à la classe ouvrière. Pas question d'organiser ou de soutenir des grèves. Tous au travail. Priorité à la reconstruction. Et pourtant, la révolution semble à portée de main. Mais les troupes américaines stationnent encore en France et l'URSS, à bout de souffle, ne veut pas d'un conflit avec ses alliés dans une zone d'influence qui n'est pas la sienne. Maurice Thorez, secrétaire général du parti, pense que le PCF peut, à plus ou moins court terme, instaurer un pouvoir communiste par les voies légales. Il ne faut pas effrayer les classes moyennes et les paysans en voulant aller trop vite mais leur tendre la main. Le PCF freine certaines réformes du gouvernement provisoire jugées trop audacieuses. Les communistes ont réintégré la communauté nationale et ne veulent plus être rejetés dans un ghetto. Le PCF est donc, en 1944-1947, l'un des piliers de la vie politique française, celui par rapport auquel tous se situent. Il exerce une pression constante sur le parti qui est le plus proche de lui, la SFIO.

La SFIO, née en 1905, est un parti marxiste. Anticapitaliste, elle prône l'avènement d'une société sans classes mais se différencie du PCF par son acceptation de la démocratie représentative. Dissoute en 1940 comme tous les partis politiques, elle s'est reconstituée dans la clandestinité et a participé à la Résistance. Elle procède, à la Libération, à l'épuration de ses cadres compromis avec le régime de Vichy. Cependant, l'aura du PCF, célébré comme le grand parti résistant, porte ombrage à la SFIO. Elle n'obtient pas à la Libération le succès escompté par ses dirigeants, bien qu'elle participe largement au triomphe de la gauche. Elle arrive en troisième position aux élections législatives de 1945 avec 23,5 % des voix. De plus, la SFIO hésite, tiraillée entre diverses tendances : l'unité avec les communistes ? Ces derniers restent inféodés à Moscou. La construction d'un grand parti travailliste rassemblant la gauche non communiste ? La tentative de fusion avec l'UDSR, Union démocratique et socialiste de la Résistance, petit parti né de la Résistance qui présente la particularité de réunir deux tendances, l'une à droite avec René Pleven, l'autre à gauche avec François Mitterrand, est un échec. Il est déjà trop tard, les grands partis se sont reconstitués. En réalité, la SFIO refuse de s'ouvrir aux nouveaux venus issus de la Résistance. Toutefois, sous l'impulsion de Léon Blum, la SFIO entreprend

LES TROIS RÉFÉRENDUMS
DE LA LIBÉRATION

Le 21 octobre 1945 : deux questions sont posées aux Français.
Voulez-vous que l'Assemblée, élue ce jour, soit constituante ?
96,4 % de oui. Les Français rejettent unanimement le retour à la IIIe République. Seuls les radicaux refusent une nouvelle Constitution.
Voulez-vous que les pouvoirs de cette Constituante soient limités ?
66,3 % de oui. Les communistes prônent le non car ils souhaitent une Assemblée totalement souveraine.

Le 5 mai 1946 : Approuvez-vous la Constitution adoptée par l'Assemblée ?
53 % de non. Le MRP a fait campagne pour le non. La majorité des Français rejette un texte qui contient en germe la possibilité d'un régime dominé par les communistes. D'ailleurs, seuls les communistes défendent avec ardeur ce projet qui institue une Assemblée omnipotente.

Le 13 octobre 1946 : Approuvez-vous la Constitution adoptée par l'Assemblée ?
53,5 % de oui qui correspondent à 36 % du corps électoral car le taux d'abstention s'élève à 31,2 %. De Gaulle, qui prônait un renforcement de l'exécutif, fustige «cette Constitution absurde et périmée». Les trois partis du gouvernement soutiennent, d'ailleurs très mollement, leur texte. Un tiers des Français l'approuve, un tiers le rejette, un tiers s'abstient.

un effort de renouvellement et de réflexion qui infléchit la théorie socialiste dans le sens de la pratique humaniste et libérale. Au congrès socialiste d'août 1946, le jeune député-maire d'Arras, Guy Mollet prend la direction du parti. La SFIO gagne des adhérents : 350 000 en 1946. Parti de masse, la SFIO encadre étroitement, sur le plan intellectuel et moral, ses militants.

Avec le PCF et la SFIO, le MRP, Mouvement des républicains populaires, est le troisième parti de gauche que les Français plébiscitent à la Libération. Il est créé par des militants chrétiens qui veulent réconcilier démocratie et religion chrétienne et intégrer les catholiques à la République. Le MRP connaît un succès immédiat : 100 000 adhérents dès 1945, et lors des élections de juin 1946, avec 28,2 % des voix, il devient provisoirement le premier parti à l'Assemblée nationale. Plusieurs raisons expliquent cette foudroyante réussite : en proposant une éthique, le MRP est à l'unisson de l'état d'esprit d'exigence morale des Français à la Libération. Ses dirigeants, tous résistants, jeunes pour la plupart, n'ont pas souffert des compromissions du passé. De plus, le mouvement s'affirme très proche du général de Gaulle et bénéficie ainsi de son prestige. Le vote des femmes, institué en 1944, est également un élément qui favorise le mouvement. Les républicains populaires proposent une autre voie entre marxisme et libéralisme économique. Leur succès repose sur une équivoque. Seule une minorité d'électeurs partage les doctrines gauchisantes des militants du parti. La majorité ne veut voir dans le MRP qu'un parti d'inspiration catholique. Le MRP devient un barrage provisoire dressé contre le communisme. Pour ne pas perdre cette clientèle électorale artificiellement gonflée, les dirigeants et les députés MRP sont souvent amenés à adopter des positions plus à droite que celles des militants, mais restent cependant trop à gauche pour satisfaire leurs électeurs. Avec la réapparition des partis de droite classique, le succès du MRP va s'effondrer. Dès 1950, son nombre d'adhérents chute et il perd la moitié de son électorat lors des élections de

1951. Parti national, il se régionalisera et ne conservera de fortes positions que dans les régions de tradition catholique. Il perdra ses bases ouvrières et deviendra un parti de classes moyennes (professions libérales, cadres...).

Les partis retrouvent leur légitimité lors des élections législatives d'octobre 1945 et refusent désormais la tutelle pesante du général de Gaulle. Le 20 janvier 1946, la démission de ce dernier marque la fin de la période d'union nationale. Les trois partis, PCF, SFIO, MRP élaborent alors une charte de gouvernement dit «du tripartisme». Pourtant, ils ne sont d'accord ni sur la politique salariale, ni sur la laïcité de l'enseignement, ni sur la Constitution. Il faut attendre un an, plusieurs référendums et consultations électorales, pour que les Français adoptent finalement, à une faible majorité, le 13 octobre 1946, la Constitution de la IVe République. Résultat d'un compromis, la nouvelle Constitution ne fait pas l'unanimité.

1947 : la double rupture

Les élections législatives du 10 novembre 1946 confirment le tripartisme. Les difficultés du ravitaillement et l'inflation galopante affectent gravement la vie quotidienne des Français. La guerre commence en Indochine. Le climat politique se dégrade rapidement. Deux forces politiques s'élèvent contre cette IVe République naissante : le RPF, Rassemblement du peuple français, créé en avril 1947 par le général de Gaulle et le PCF qui conteste violemment le gouvernement dès l'automne. La France est alors balayée par une véritable tourmente sociale : grèves, émeutes, sabotages, violences. La IVe République a bien failli sombrer l'année même de sa naissance.

Dès mars 1947, des divergences entre le PCF et les deux autres partis au pouvoir s'étalent au grand jour. Le 5 mai, les ministres communistes votent contre la politique économique et salariale du gouvernement. Le président du Conseil, Paul

Ramadier décide de les révoquer. Mais c'est seulement en septembre, avec le brutal rappel à l'ordre de Moscou que le PCF adopte une stratégie de rupture totale, entrant ainsi dans le jeu de la guerre froide. Selon la ligne définie par le PCUS, Parti communiste de l'Union Soviétique, les partis communistes sont investis du rôle historique de combattre le plan Marshall, «plan américain d'asservissement de l'Europe». En cette année 1947, l'opposition bloc occidental/bloc soviétique se cristallise. Toutes les forces politiques françaises affirment choisir le camp occidental quand le PCF proclame sa solidarité avec l'URSS. Les communistes reprennent leur tactique dure et sectaire de «classe contre classe» et engagent le fer dès novembre sur le front social.

Un mouvement de grèves né de la misère et du mécontentement des travailleurs submerge rapidement le pays à l'automne. Moyen d'expression traditionnel des ouvriers, les grèves concernent désormais massivement les fonctionnaires qui ont obtenu le droit de grève en octobre 1946. Ces luttes sociales témoignent de la volonté du monde ouvrier de maintenir sa cohésion et d'affirmer son identité qui n'est plus aussi naturellement reconnue qu'en 1945. La classe ouvrière, réintégrée à la Libération dans la communauté nationale, craint d'être rejetée hors de ses frontières. Le PCF saisit l'occasion de ces grèves pour affirmer avec violence sa nouvelle ligne de conduite. Il intervient activement par l'intermédiaire de la CGT et donne à l'agitation une coloration révolutionnaire. La violence des événements : morts, blessés, émeutes, sabotages... impressionnent les Français. L'opinion, presque unanime, croit que le PCF déclenche un mouvement insurrectionnel. D'après l'historien Jean-Jacques Becker, il semble que la direction du parti se soit laissée déborder par ses troupes. Staline ne veut pas d'une révolution en France mais cherche seulement à freiner le relèvement de la France sous l'égide américaine.

Les conséquences sont considérables pour la France. La guerre froide passe à l'intérieur du pays, créant un fossé infranchissable entre les communistes et les autres. Aux yeux de l'opinion, le PCF apparaît comme «le parti de l'étranger» : les événements de 1947 sont la preuve de l'alignement des communistes français sur la tactique soviétique. À l'Assemblée, le PCF est redevenu un parti inassimilable et est rejeté dans un isolement total. C'est la fin du tripartisme. En appelant ouvertement à la trahison en cas de guerre avec l'Union Soviétique, les communistes s'excluent de la communauté nationale. Cette fin d'année 1947 laisse la classe ouvrière désunie et démoralisée. Les conflits sociaux de l'automne marquent symboliquement la rupture entre la classe ouvrière et l'État après les espoirs de la Libération. Les violences exercées contre les non-grévistes ont indigné la majeure partie du monde ouvrier. Résultat : la CGT éclate. Sous la poussée de la base, les dirigeants de la tendance minoritaire Force ouvrière la quittent pour fonder la CGT-Force ouvrière. Dans la tradition du syndicalisme indépendant inscrit dans la Charte d'Amiens (1906), ils refusent tout lien de subordination à un parti politique. Dernière conséquence, le parti subit une grave hémorragie de ses adhérents. Cependant, son électorat reste stable jusqu'en 1958 : plus du quart des Français votent pour lui. Il reste le parti le plus puissant. Parti de la classe ouvrière, il est le seul parti à combattre le capitalisme «triomphant» et le seul à se faire l'interprète d'une classe ouvrière qui se sent exploitée. Son emprise sociale reste forte grâce à ses organisations parallèles, la plus importante étant la CGT. De plus, il prend en charge tous les mécontentements et les revendications non exprimés. Si les communistes apparaissent alors aux yeux d'une majorité de Français comme le péril essentiel, la création d'une autre force politique menace le régime en cette année 1947.

Le 7 avril 1947, de Gaulle sonne la charge contre la République des partis. Il annonce la formation d'un nouveau mouvement, le RPF, Rassemblement du peuple français. Selon lui, la France est menacée de désagrégation interne et les dangers extérieurs s'accumulent. Le RPF veut transcender les divisions politiques et regrouper tous les Français sur des objectifs communs. Il s'agit de réformer le fonctionnement de l'État et la Constitution. De Gaulle condamne dans un même élan les formations de gauche et les hommes politiques de droite. Dans cette période troublée, l'homme du 18 juin représente une autorité. Il parcourt la France, propage ses idées, en appelle directement au peuple. Les thèmes développés ? L'anticommunisme, la nécessaire réforme des institutions, le maintien de l'Empire français et l'association du capital et du travail, clef de voûte de la doctrine sociale du RPF.

Le RPF a immédiatement le vent en poupe. De grands meetings mobilisent les foules, l'anticommunisme virulent fait recette. Les adhérents affluent, un million dès la fin de 1947, pour la plupart de nouveaux venus à la politique. Toutes les couches sociales sont représentées : « c'est le métro à 6 heures du soir » dit André Malraux. Lors des élections municipales du treize octobre 1947, le RPF obtient 40 % des suffrages exprimés dans les communes de plus de 9 000 habitants et conquiert treize des plus grandes villes de France. Devant ce raz-de-marée, le général exige la dissolution de l'Assemblée nationale. Les partis réagissent violemment et désignent désormais le RPF comme un parti factieux. Aux élections législatives de 1951, le mouvement gaulliste, prenant de nombreuses voix au MRP, recueillera 21,6 % des voix et deviendra, après le PCF, le deuxième parti de France. À l'Assemblée, les nouveaux députés adopteront une attitude de non-participation au système en rejetant toutes les lois soumises à leur vote. Avec l'entrée de la France dans l'OTAN, Organisation du traité de l'Atlantique Nord, le spectre de la guerre reculera et l'anticommunisme s'atténuera. L'opinion française se détournera du RPF qui disparaît en 1953.

Si les efforts conjugués, bien involontairement, du PCF et du RPF n'ont pas réussi à emporter le régime en cette année 1947, ces deux partis vont cependant peser sur son avenir. Le PCF, sectaire et radical, empêche toute coalition de gauche de type Front populaire et le RPF rend impossible une majorité de droite. Place au centre.

L' É C H E C   D U   R É G I M E
D E S   P A R T I S

La République minoritaire

L'électorat de gauche composé des communistes, des socialistes, des radicaux et républicains populaires réellement progressistes, est majoritaire dans le pays. Globalement, sous la IVe République, le corps électoral penche donc à gauche. Après la grande peur de l'année 1947, la majorité de l'opinion française est submergée par une puissante vague d'anticommunisme. Mais le rejet du PCF rend impossible une majorité et un gouvernement de gauche : la traduction gouvernementale de la représentation nationale est faussée. La coalition des partis de droite et de gauche, hors PCF, pour former des gouvernements devient nécessaire. La troisième force, ainsi baptisée par Guy Mollet car elle entend lutter sur sa gauche contre le communisme et sur sa droite contre le gaullisme, se constitue à l'Assemblée. Coalition centriste, elle regroupe la SFIO, le MRP, une partie des radicaux et quelques modérés. Elle est minoritaire dans le pays. Si l'on se réfère aux municipales d'octobre 1947, les partis de la troisième force représentent 30% de l'électorat dans les villes de plus de 9 000 habitants.

L'axe de la majorité politique s'étant déplacé vers la droite, les socialistes vont souffrir d'un malaise permanent, facteur d'instabilité. Ils perdent leur position centrale pour constituer l'aile gauche d'une majorité nouvelle. S'arc-boutant sur la défense du régime, la SFIO participe à tous les gouvernements. Cependant, comme elle refuse d'avaliser une politique économique et sociale qu'elle juge trop libérale – les socialistes sont notamment favorables au dirigisme en économie contrairement aux radicaux et aux modérés – elle renverse six gouvernements sur huit de 1947 à 1951. Cette attitude explique à la fois ses désarrois et la désaffection dont elle souffre dans l'opinion. L'intervention de la police lors des grèves de 1947 sous un gouvernement socialiste a mis mal à l'aise nombre de militants et d'électeurs. La mystique de l'unité ouvrière se trouve atteinte dès novembre 1947, par la rupture avec le PCF. Ses bastions ouvriers s'effritent. Aux élections législatives de juin 1951, elle perd de nombreux électeurs et passe dans l'opposition pour toute la durée de la législature sauf pour soutenir le gouvernement Mendès France en 1954. Ce qui déporte la législature sur la droite et renforce l'aspect minoritaire des coalitions au pouvoir. D'autant plus que la prise de position du MRP sur l'enseignement libre le rejette à droite en lui faisant perdre son côté novateur. Le clivage laïcité/cléricalisme qui a marqué toute la IIIe République fonctionne toujours pour séparer la droite de la gauche.

Dans les coalitions centristes, le Parti radical et l'UDSR sont des partis dont le rôle au Parlement et au Gouvernement est plus important que leur influence électorale car ils sont des partis charnières. Le Parti radical, parti ancré à gauche avant-guerre, retrouve ainsi une position privilégiée. Deux tendances coexistent en son sein, l'une minoritaire à gauche avec Pierre Mendès France, l'autre majoritaire à droite avec René Mayer. Défenseur du libéralisme économique, hostile à l'intervention de l'État et aux nationalisations, défenseur des colonies françaises, européen et atlantiste, le parti ne se distingue plus guère de la droite modérée. Celle-ci, progressivement se reconstitue, reprend bonne conscience, retrouve des chefs et récupère une clientèle. En 1948, sous l'impulsion de Roger Duchet, elle met en place une structure nationale, le CNI, Centre national des indépendants, dans laquelle une majeure partie de la droite modérée se regroupe, elle qui par essence, répugne à se structurer. Le CNI est un parti de cadres, centré sur les élus. L'investiture d'Antoine Pinay, en mars 1952, marque un tournant. Le succès de son gouvernement symbolise la restauration d'une mentalité et d'une idéologie constitutives de la droite modérée classique. En 1953, René Coty, un modéré, accède à la présidence de la République. Après le reflux de la Libération, la droite libérale peut enfin dire son nom et reprendre son mouvement ascendant.

Ces partis de gouvernement «condamnés à vivre ensemble» selon l'expression du radical Queuille ont comme point commun principal la défense du régime. Ils ont des programmes opposés. Aux clivages hérités du passé, comme ceux concernant le rôle de la religion dans l'État et dans la société ou la place de l'État dans l'économie et la société, s'ajoutent de nouvelles lignes de fractures qui divisent les partis et l'opinion publique : l'Europe et la CED (la Communauté européenne de défense), la décolonisation... Ainsi, en mai-juin 1953, pendant cinq semaines, la France n'a pas de gouvernement car aucune majorité ne se dégage. Le système est bloqué. Les Français s'indignent de la longueur de la crise au moment où la situation économique, et plus encore la gravité du problème de l'Indochine où la France est engagée depuis 1946 dans une guerre de décolonisation, requièrent des décisions urgentes. L'historien André Siegfried, en introduction à son *Année Politique 1953*, explique : «On trouverait une majorité sur le dirigisme ou l'anti-dirigisme, sur l'orientation socialisante ou sur la résistance à la socialisation, sur l'école libre ou l'école laïque, sur l'armée européenne ou son refus, sur la continuation de la guerre en Indochine ou la paix avec Hô Chi Minh, mais un accord sur tous ces points à la fois s'avère impossible...». Ces clivages conduisent les partis à négocier une majorité par sujet. En fait, le régime survit grâce à des majorités de rechange selon les affaires abordées. Les crises ministérielles deviennent un moyen habituel de résoudre les problèmes. Des changements de majorité se font en cours de législature sans décision électorale. La «République des partis» est incapable de traduire le suffrage universel en majorité stable. Les grandes questions ne sont donc pas mises à l'ordre du jour de l'Assemblée pour minimiser les risques de fractures et de chutes. C'est l'immobilisme. D'autant plus que les partis coalisés sont conscients que leur base sociale est minoritaire.

Août 1953. Lors des congés payés, des millions de travailleurs de l'État, postiers, cheminots, mineurs... se mettent spontanément en grève. Le pays est paralysé. Un abîme s'est creusé entre gouvernants et gouvernés. Le gouvernement Laniel (modéré) paraît indifférent aux acquis sociaux. Cette agitation sociale traduit l'impatience des Français face à l'immobilisme de leurs représentants. La guerre d'Indochine s'enlise, les pouvoirs publics sont incapables de s'attaquer à la lancinante et douloureuse crise du logement et malgré l'envolée de la production, la consommation reste bridée. Le décalage entre l'expression des Français et leurs représentants est encore aggravé par la manipulation de la loi électorale en 1951. Communistes et gaullistes menaçant de submerger la troisième force si les législatives se déroulaient à la stricte proportionnelle, les gouvernants inventent le système des apparentements. Il permet aux forces politiques qui s'unissent sur les listes électorales d'emporter la totalité des sièges à pourvoir si elles obtiennent la majorité absolue des suffrages exprimés. Ce système permet de réduire le groupe PCF et le groupe RPF à l'Assemblée. Techniquement, la manœuvre réussit, les gouvernements centristes restent possibles mais l'écart s'accroît entre le «pays réel» et «pays légal». Cet escamotage du suffrage universel déconsidère le régime. Plusieurs exemples illustrent ce décalage. Antoine Pinay et Pierre Mendès France sont sous la IVe République, les présidents du Conseil les plus populaires. Or sans tenir compte de l'avis des Français, ils sont renversés par une classe politique qui ne supporte pas leur popularité et une certaine forme de personnalisation du pouvoir. En décembre 1955, consultés par sondage, seuls 2% des Français choisissent Guy Mollet comme président du Conseil. Après les élections législatives de janvier 1956, ils attendent Mendès France et souhaitent l'arrêt des hostilités en Algérie, en guerre pour son indépendance depuis novembre 1954. Or, c'est Guy Mollet qui est investi à la tête du gouvernement et qui envoie, dès mars 1956, le contingent en Algérie.

La « République des partis »

Aux coalitions divisées, à l'opposition constante de près d'une moitié des Français, s'ajoute le jeu du système institutionnel et des partis politiques qui élargit encore le fossé entre Français et gouvernants.

D'après la Constitution de 1946, maîtresse du pouvoir législatif, l'Assemblée nationale vote seule la loi. Maîtresse du pouvoir exécutif, elle investit le président du Conseil. Le président de la République, élu par les parlementaires n'intervient dans le champ politique que pour proposer à l'Assemblée le chef de gouvernement. La Constitution prévoit des dispositions pour assurer la stabilité ministérielle : le président du Conseil doit obtenir l'investiture de la majorité absolue des députés. Il forme ensuite son gouvernement. Or, dès le lendemain de son adoption, la Constitution est bafouée : dès 1946, les présidents du Conseil prennent l'habitude de solliciter un deuxième vote de l'Assemblée, une fois leur équipe ministérielle constituée. C'est une source supplémentaire de marchandages et de difficultés. Et si, constitutionnellement, seul le président du Conseil a le droit, après délibération du Conseil des ministres, d'engager la responsabilité du gouvernement, la disposition n'est pas appliquée.

Sur les dix-neuf crises ministérielles que connaît le régime, sept seulement entrent dans la catégorie de démission constitutionnelle, la majorité des présidents du Conseil démissionnant sans vote de l'Assemblée. Après la volonté de rénovation de la Libération, les députés retrouvent les pratiques de la IIIe République. Vingt-deux gouvernements en douze ans, l'instabilité ministérielle sous la IVe République bat des records. Cette faiblesse du régime vient moins de la Constitution que des députés et des partis qui la pratiquent. Les députés ont choisi, pour les élections législatives, un scrutin de liste proportionnel, jugé le plus juste dans la mesure où les forces politiques représentent fidèlement les diverses tendances de l'opinion publique à l'Assemblée nationale. Première conséquence de ce mode de scrutin : candidats et élus se sentent davantage tributaires de l'appareil du parti – qui forme les listes – que des électeurs. Deuxième conséquence : il favorise la multiplicité des groupes au lieu de rassembler les tendances voisines.

Nombreux, les partis sont aussi faibles, peu disciplinés et divisés. Les clivages sur les grands problèmes ne partagent pas seulement les partis entre eux mais traversent chaque formation en son sein. En 1954, une partie des députés socialistes s'oppose à la CED contre l'avis et les ordres du comité directeur de la SFIO. Cette dernière vit alors une crise dramatique. Des députés sont exclus du parti. En février 1955, vingt dépu-

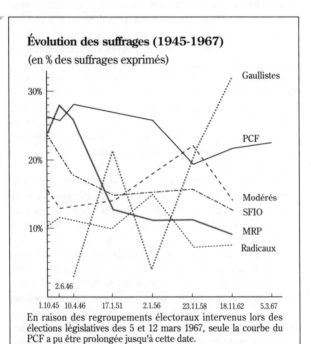

Évolution des suffrages (1945-1967)

(en % des suffrages exprimés)

Gaullistes

30%

PCF

20%

Modérés

SFIO

10%

MRP

Radicaux

2.6.46

1.10.45 10.4.46 17.1.51 2.1.56 23.11.58 18.11.62 5.3.67

En raison des regroupements électoraux intervenus lors des élections législatives des 5 et 12 mars 1967, seule la courbe du PCF a pu être prolongée jusqu'à cette date.

Source : La IVe République, J. Julliard, Calmann-Lévy, 1968.

tés radicaux participent à la chute de Mendès France, radical, car ils craignent qu'il ne soit trop libéral à l'égard des colonies d'Afrique du Nord. En 1957-1958, les indépendants se divisent sur le problème algérien... À l'Assemblée, les groupes sont incapables d'adopter une attitude commune et d'imposer à leurs membres un vote unique. À la chute de tel ou tel ministère, les Français ne peuvent dire clairement qui l'a renversé et qui le remplacera. Au lendemain des élections, les électeurs se demandent quelle majorité ils ont portée au pouvoir. L'électeur ne se prononce ni sur une politique, ni sur une majorité de gouvernement. Cette cascade de gouvernements aboutit à dissocier les actes de leurs conséquences. Aucun gouvernement n'est véritablement comptable de ses actes devant l'opinion. Les partis ne gouvernent pas mais occupent le pouvoir et s'affairent à se neutraliser mutuellement. «C'est la démocratie sans le peuple» selon l'expression du politologue Maurice Duverger.

Les crises ministérielles à répétition aggravent et nourrissent l'agacement des électeurs devant les usages parlementaires. Sept jours et treize tours de scrutin : la très laborieuse élection du président de la République par le Parlement, en décembre 1953 donne un spectacle accablant de la classe politique. Elle apparaît comme repliée sur ses jeux de cirque et coupée des citoyens. Par contraste, deux présidents du Conseil vont savoir rencontrer l'approbation des Français, Pierre Mendès France et dans une moindre mesure Antoine Pinay avant tout parce qu'ils donnent aux Français le sentiment d'être gouvernés. Ils font appel à l'opinion publique, au-delà du Parlement et des partis et ils prennent des décisions.

Au-delà de la guerre froide, la IVe République est confrontée à de graves enjeux de politique extérieure qui nécessiteraient la participation des citoyens. L'enjeu du réarmement allemand, quatre ans après la Libération préoccupe d'emblée le pays. Ce réarmement doit-il se réaliser au sein de l'OTAN ou au sein d'une armée européenne (projet de CED) ? Les partis au pouvoir sont profondément divisés, les Français aussi. Mais jamais le Parlement ne juge nécessaire de consulter le peuple. Les partis politiques ne jouent pas leur rôle de liaison entre peuple et institutions. Ils se confondent totalement avec leur groupe parlementaire. Sur les grands problèmes, notamment la décolonisation, les partis ne proposent pas aux Français une vision claire et cohérente. Lors des élections législatives de 1956, les programmes sont flous. Alors que mondialement le processus de décolonisation est définitivement amorcé après 1945, la France se replie sur ses possessions d'Outre-mer. Lorsque les Français prennent conscience de l'importance du problème, il est déjà trop tard. Il y a eu Diên Biên Phû, la défaite française en Indochine (1954) et la guerre d'Algérie commence.

Pendant ces douze ans qu'a duré la IVe République, on observe une distanciation croissante entre opinion publique et partis politiques. Les mouvements erratiques et amples du corps électoral témoignent du mécontentement des Français. Cependant, dans l'enlisement des partis, deux forces vont émerger et parler aux Français : le poujadisme et le mendésisme.

MENDÈS FRANCE OU POUJADE ? LA FRANCE S'EXPRIME

Mendès France ou l'incarnation des nouvelles classes moyennes

Pierre Mendès France est investi président du Conseil le 18 juin 1954. Le député radical de l'Eure s'est fait remarquer en mai 1953 par un discours original : «Gouverner, c'est choisir ». Formule qu'il met en pratique dès son investiture. En politique intérieure comme en politique extérieure, il instaure, en effet, de nouvelles méthodes de gouvernement et restaure une politique de choix et de décision. Par son langage, son style, son action, il s'inscrit en rupture avec la IVe République.

C'est à la suite de la défaite irréparable de Diên Biên Phu en Indochine, le 7 mai 1954, que le président de la République René Coty fait appel à celui qui avait affirmé la nécessité de terminer au plus tôt une guerre empêchant tout redressement économique durable. Mendès France obtient la confiance de l'Assemblée sur son pari de régler l'affaire indochinoise avant le 20 juillet. Il s'engage également à présenter un plan de redressement économique et à soumettre le traité de la Communauté européenne de défense (CED) au vote des parlementaires avant l'automne.

Mendès France propose aux députés un contrat sur un programme clair et précis qu'il s'engage à respecter échéance après échéance sous peine de remise en cause de sa légitimité. Il obtient 419 voix contre 47 et 143 abstentions. Sont prêts à tenter l'expérience : socialistes, radicaux, députés de l'UDSR, gaullistes ayant pris le nom en 1953 de républicains sociaux, quelques élus de droite et les communistes qui soutiennent un gouvernement pour la première fois depuis 1947. Cette volonté du Parti communiste français de rompre son isolement est directement liée au début de la détente dans les relations Est-Ouest après la mort de Staline, le 5 mars 1953 et surtout à l'armistice mettant fin à la guerre de Corée le 27 juillet de la même année.

Pour composer son gouvernement, le président du Conseil refuse les négociations avec les partis et tout dosage entre les différentes forces politiques. Par souci d'efficacité, il choisit une équipe restreinte de collaborateurs : seize ministres dont seulement quatre rescapés des gouvernements précédents. Pas un seul socialiste. Guy Mollet et la SFIO n'acceptent pas l'affirmation du leadership du nouveau président du Conseil. Pourtant, ils en seront les plus fidèles soutiens.

Dans ses actions de politique extérieure, il tente d'adapter la France aux nouvelles donnes géopolitiques du monde contemporain. Il série les questions et va s'atteler à les résoudre point par point. Premier problème : en finir avec la guerre d'Indochine. Il reprend les négociations et signe le 20 juillet les accords de Genève qui reconnaissent l'indépendance du Laos, du Cambodge et du Vietnam. Les Français, sont soulagés et reconnaissants à Mendès France d'avoir pris la responsabilité pour la France de trouver une solution honorable à cet échec. Deuxième problème : calmer l'agitation en Tunisie, protectorat français. Le 31 juillet, il prononce à Carthage un discours promettant l'autonomie interne du pays. Troisième problème : mettre à l'ordre du jour de l'Assemblée, la ratification du traité de la CED, conclu en 1952 et par lequel l'Allemagne s'intégrerait à une armée européenne. Les gouvernements précédents avaient évité de s'engager dans ce débat qui divise partis politiques et opinion. Le 30 août, après un vote dans un climat passionnel, le projet est enterré. Mendès France négocie alors une solution de rechange avec les accords de Londres et de Paris signés en octobre et qui prévoient notamment le réarmement de l'Allemagne dans le cadre de l'OTAN. Le PCF, attaché à défendre le point de vue de l'Union Soviétique, hostile à la restauration de la souveraineté militaire allemande, passe alors dans l'opposition. Le MRP, très européen, et tous les partisans de la CED rendent Mendès France responsable du « crime du 30 août ».

Mais les Français approuvent l'action du président du Conseil qui incarne alors le mouvement contre tous les immobilismes de la IVe République. Ils aiment son style, reconnaissent sa rigueur et adhèrent à son refus des combinaisons politiciennes. Les Français se sentent gouvernés. De plus, Mendès France, comme de Gaulle, tient à s'adresser directement aux citoyens, au-delà des partis et du Parlement. Dès le mois de juin 1954, il institue des causeries radiophoniques hebdomadaires et y développe les différents aspects de sa politique. Dans un premier temps, la presse salue le dynamisme du chef de gouvernement. Sa popularité est largement portée par *L'Express,* magazine lancé en 1953, par J. J. Servan Schreiber, pour soutenir Mendès France et ses idées. François Mauriac et Albert Camus y participent. L'équipe de *L'Express* crée le mythe Mendès France, l'homme qui veut rompre avec les clivages idéologiques anciens et qui propose une démocratie impliquant les citoyens dans les affaires publiques, une démocratie fondée sur une morale austère, exigeante, à base de vertu et de civisme.

Il essaiera aussi de mettre en pratique ses idées dans le domaine économique. Pour cela, il obtient les pouvoirs spéciaux le 13 août 1954 et amorce une politique de modernisation (encourageant notamment dans l'industrie le début d'une politique de formation de la main-d'œuvre), qu'il ne mènera pas à terme. Il engage une lutte contre certains archaïsmes économiques comme les privilèges des bouilleurs de crus ou les avantages des betteraviers. Porté vers l'avenir, il croit à la technique et à la science pour faire progresser le pays. Il crée un secrétariat d'État à la recherche scientifique et au progrès technique.

Par sa politique et son style, Mendès France a incontestablement séduit les classes moyennes salariées qui se développent parallèlement à la tertiarisation de l'économie française (multiplication des services). Peu d'ouvriers et de paysans parmi les «mendésistes», mais un engagement des cadres administratifs et des techniciens du secteur privé, des fonctionnaires, des intellectuels et des scientifiques qui sentent enfin leurs aspirations prises en compte. Une partie de la jeunesse s'enflamme pour ce leader porteur d'avenir. Le mendésisme est un mouvement tertiaire et urbain.

Pourtant l'expérience Mendès France suscite de fortes résistances allant parfois jusqu'à la haine. La succession des problèmes traités additionne progressivement contre lui des éléments d'opposition qui finissent par constituer une majorité hostile au Parlement. Les députés ne pardonnent pas à Mendès France sa popularité, son autorité personnelle et son mépris des codes parlementaires. De plus, quand, en janvier

1955, il annonce son intention d'engager de profondes réformes économiques, les milieux patronaux se mobilisent contre lui. Enfin, la manière dont le gouvernement envisage de répondre à l'insurrection algérienne qui débute le 1er novembre 1954 inquiète une majeure partie de la classe politique. La conjonction de ces oppositions aboutit à la chute de Mendès France, au terme d'un débat sur la politique algérienne, le 5 février 1955. C'est une parenthèse de gauche, dans cette législature axée à droite, qui se referme.

Lorsqu'il est renversé, la majorité des Français, 54 %, soutiennent encore Mendès France. L'opinion a pris goût à un leader responsable des échecs comme des succès. Sans cette responsabilité, le jeu démocratique est faussé car la sanction électorale est impossible. Cette chute devant l'Assemblée illustre le décalage grandissant entre les Français et leurs représentants.

La flambée poujadiste : « la France des petits » résiste

En ce début des années 50, la France, en pleine expansion, compte aussi des oubliés de la croissance : commerçants, artisans, petits paysans en difficulté. Un homme, au cours de l'été 1953, prend la parole au nom de ces laissés-pour-compte. Pierre Poujade, par la révolte, trouve le moyen de faire entendre leurs voix. Poujade, modeste papetier à Saint Céré, bourgade du Lot, a été élu conseiller municipal RPF sur une liste radicale, en 1953.

En juillet 1953, soutenu par le conseil municipal de Saint Céré et par d'autres commerçants du bourg, il s'oppose à un contrôle fiscal et prend la tête d'un mouvement de résistance au fisc qui se propage rapidement à toute la région. À l'appel de commerçants « persécutés », l'équipe de Poujade va chahuter les agents du fisc. Ces petits indépendants dénoncent un système fiscal injuste et refusent tout contrôle avant le vote par l'Assemblée d'une réforme fiscale acceptable. En effet, le système fiscal français, inchangé depuis la Libération, est devenu anachronique. En outre, l'administration centrale a formé de nouveaux polyvalents chargés du contrôle des impôts directs et indirects. Ceux-ci, contrairement aux traditionnels agents locaux, ne font pas de sentiment avec les contribuables. En octobre, Poujade rédige le programme de Grammat : il réclame l'abattement unique à la base, la suppression des contrôles, l'amnistie fiscale et, enfin, pour toutes les sociétés, l'égalité devant l'impôt.

Le poids de la fiscalité devient d'autant plus insupportable aux commerçants qu'ils ne peuvent plus le répercuter sur leurs prix, l'inflation étant jugulée depuis 1952. Par ailleurs, à partir de 1950, sous la poussée de la modernisation et de la mécanisation de l'agriculture, l'exode rural s'accélère brutalement. Celui-ci touche particulièrement les régions pauvres du Sud-Ouest et du Sud du Massif central, terres d'élection du mouvement. Les détaillants voient leur clientèle diminuer et les ventes baisser. Or l'appareil commercial français est constitué d'un nombre très important d'établissements de petite dimension. Les années de guerre, puis de restriction jusqu'en 1949, caractérisées par une économie de pénurie créant des profits conséquents, ont attiré nombre de Français vers ces professions, gonflant artificiellement le nombre de petits commerçants. 100 000 créations de boutiques par an depuis 1940 et, en 1954, on dénombre 1 300 000 établissements. La concurrence est rude. Avec la poussée en amont des forces de production modernisées, les formes de distribution évoluent. Et si le supermarché n'existe pas encore, les magasins à succursales multiples se développent. En remplissant leurs déclarations fiscales, les commerçants prennent conscience de la lente érosion de leurs revenus nets.

Les boutiquiers restent à l'écart de l'expansion alors que le niveau de vie des Français augmente. Les commerçants font partie des notabilités du village. Ils ont un sentiment de déclassement. Outre les difficultés particulières du moment, c'est le mépris de Paris, de la presse, accusant le petit commerce et l'artisanat de n'être pas en conformité avec le progrès indispensable, qui explique le développement du mouvement. Les commerçants souffrent d'une image défavorable dans l'opinion. Le livre de Jean Dutourd, *Au bon beurre*, (1952) est venu raviver dans la conscience collective, l'image du commerçant qui s'est enrichi pendant la guerre.

Lorsque le 29 novembre 1953, Poujade crée l'UDCA, Union des commerçants et artisans; il se limite encore à la lutte anti-fiscale. Cependant, celle-ci débouche rapidement sur une pression antiparlementaire quand Mendès France fait voter l'amendement Dorey. Celui-ci permet d'emprisonner tout citoyen s'opposant à un contrôle fiscal. Les «poujadistes» dénoncent les représentants parlementaires : «ils ne jouent pas leur rôle d'intermédiaires et de protecteurs». Le mouvement se déclare apolitique. Ses partisans viennent aussi bien de la droite que de la gauche. Les communistes, donnent alors leur appui total à l'UDCA. En revanche, les partis de gouvernement se déclarent franchement hostiles. En 1954, le mouvement gagne en ampleur, devient national, et atteint une partie de la paysannerie en crise. La production agricole a considérablement augmenté par rapport à la demande et les prix ont chuté. De plus, les agriculteurs ont dû s'endetter pour se moderniser. Les viticulteurs du Sud de la France et les éleveurs sont particulièrement touchés.

En novembre 1954, c'est à Alger qu'a lieu le premier Congrès national de l'UDCA. De nouveaux thèmes apparaissent : la défense de l'Algérie française, l'antisémitisme visant particulièrement Mendès France, la convocation «d'états généraux des travailleurs de France». Le ton monte, les menaces apparaissent contre l'État et le Parlement. Les poujadistes réclament l'abrogation de l'amendement Dorey et décident d'assiéger l'Assemblée nationale. Reprenant la distinction maurrassienne, Poujade affirme le divorce entre pays légal et pays réel. Les élites ont trahi le peuple et perverti la République : «l'État gaspille... Les hommes politiques sont corrompus... Les partis divisent... Le régime brade l'Empire...». Néanmoins, Poujade reste profondément républicain : l'institution parlementaire est épargnée, symbole de la conquête du pouvoir par le peuple. En cela le poujadisme se distingue de l'extrême droite fasciste. L'historien René Rémond dans son ouvrage *Les Droites en France* le définit comme un mouvement réactionnaire populiste. Le poujadisme, enfin, a la nostalgie de la grandeur de l'Empire. Il dénonce pêle-mêle les complots contre la France : le communisme soviétique, l'impérialisme économique américain... Il incarne un nationalisme de repli qui se crispe sur les possessions d'Outre-mer. Le tout est populaire et imprécis. 100 000 personnes, Porte de Versailles, à Paris, le 24 janvier, Vel d'Hiv archicomble, le 14 février, pression directe sur les élus et finalement abrogation de l'amendement Dorey, en mars : le mouvement Poujade, au début de 1955 est à son apogée. Il tente de s'élargir aux intellectuels et aux ouvriers. Peine perdue.

Fin 1955, Edgar Faure dissout l'Assemblée nationale. Poujade décide de présenter des candidats aux élections législatives du 2 janvier 1956. La campagne électorale est violente. Les candidats poujadistes exploitent tous les mécontentements. L'opinion publique, malgré les dénégations de Poujade, range le poujadisme aux côtés de l'extrême droite. Le PCF combat désormais le mouvement tandis que l'extrême droite, avec Jean-Marie Le Pen et Jean-Maurice Demarquet prend le train en marche. Les listes poujadistes «Union et fraternité française» recueillent 52 sièges sur 595 à l'Assemblée. Ont voté pour eux : des commerçants et artisans des campagnes et des bourgs, des paysans des régions de petites et moyennes propriétés, essentiellement dans le midi et dans le Sud-Ouest, vieilles terres du radicalisme et enfin des citadins de l'Ouest et de la région parisienne rescapés du RPF et déçus du CNIP (le CNI prend alors le nom de CNIP, Centre national des indépendants et paysans). La surprise est totale. La classe politique s'inquiète. La droite modérée récupère alors certains thèmes poujadistes. Le mouvement n'arrive pas à se transformer en parti politique. Il est éliminé lors des élections législatives de 1958 avec le retour du général de Gaulle au pouvoir.

Sous la IIIe République, ces petits indépendants ont constitué avec les paysans, le cœur de la société et le pilier du régime, incarnant les valeurs de travail, d'épargne, d'indépendance et de liberté. Dans les années 50, la classe moyenne salariée se développe, porteuse d'autres valeurs comme le goût du progrès ou le sens de l'État. Elle accuse les commerçants et artisans d'être un frein à la croissance. Ces derniers se sentent menacés. Ils ont peur d'être déclassés. La révolte poujadiste s'appuie sur l'idéologie républicaine et veut rassembler toute la nation. Or ces classes sociales sont non seulement coupées des classes dirigeantes et des intellectuels qui les traitent avec mépris, mais aussi du prolétariat qui a trouvé d'autres voies d'expression et de promotion. La modernisation ne s'impose pas sans drames.

Dans cette République malade de ses partis, Mendès France et Poujade ont incarné, chacun à leur mesure, le leader qui a su prendre en charge les préoccupations de fractions différentes de la classe moyenne. Mais l'intermède est bref. Aucune couche sociale ne s'est vraiment reconnue dans la IVe République. De plus, à partir de 1956, les gouvernements s'enlisent dans la guerre d'Algérie et s'abandonnent à la pression des groupes les plus actifs, ceux qui combattent pour l'Algérie française : les Français d'Algérie, l'armée et les activistes au Parlement et dans la rue. Face aux rumeurs insistantes de prise de pouvoir par l'armée, face à la menace d'une guerre civile, la IVe République, impuissante, tombe le 13 mai 1958. Dans le pays, aucune voix ne s'élève pour la défendre. Aucune majorité ne se dégage au Parlement. À gauche, la SFIO par peur du communisme, participe au rejet d'une solution de type «Front populaire». Entre communisme et fascisme, le général de Gaulle apparaît comme le seul recours pour résoudre la crise.

Chapitre 2

LA RÉPUBLIQUE DES CITOYENS

À partir de 1958 s'installe en France un nouveau régime politique créé, puis façonné par le général de Gaulle. Les Français semblent alors réconciliés avec leur système politique. Sous l'impulsion des nouveaux gouvernants, la France se modernise. L'explosion de mai 1968 représente un ajustement des valeurs à la nouvelle société qui émerge. Jusqu'au milieu des années 80, la stabilité du corps électoral est remarquable. Le quadrille bipolaire, PS et PCF, RPR et UDF, achève de se mettre en place. En 1981, la perte d'influence du PCF et le renouveau du PS ouvrent la voie à l'alternance. La crise économique s'enracine, amplifiant au cours des années le mécontentement de la population.

L' A D H É S I O N
D E S   F R A N Ç A I S
A U   N O U V E A U   S Y S T È M E

De Gaulle contre les partis politiques

Tous les partis, sauf le PCF et des dissidents de gauche, se résignent au retour du général de Gaulle au pouvoir. Investi président du Conseil par l'Assemblée, le 1er juin 1958, il demande immédiatement les pleins pouvoirs pour mettre fin à la guerre d'Algérie et réformer les institutions dans le cadre d'un régime parlementaire.

La Constitution de la Ve République est adoptée par référendum, le 28 septembre 1958 avec 79,2 % des suffrages exprimés. De Gaulle choisit pour les élections législatives de novembre 1958, le scrutin uninominal majoritaire à deux tours afin de dégager une majorité et incidemment de réduire la représentation communiste. Les électeurs votent non plus pour une liste mais pour un candidat dans une circonscription. Si le candidat n'obtient pas la majorité absolue des suffrages exprimés au premier tour, il y a ballottage et un second tour où la majorité relative suffit. Première rupture avec la IVe République : les trois quarts des députés composant la Chambre de 1956 ne sont pas réélus. Deuxième rupture : les rapports de force entre les partis politiques évoluent. Contrairement à la IVe République, la gauche, toutes tendances confondues, est minoritaire dans le pays et le restera jusqu'en 1976.

À PROPOS DE LA CONSTITUTION DE 1958

– Le Président de la République, élu par un collège élargi de 80 000 notables, dispose de pouvoirs propres : il nomme le Premier ministre. Par l'article 11, il peut soumettre au référendum tout projet de loi portant sur l'organisation des pouvoirs publics; par l'article 12, il peut dissoudre l'Assemblée nationale; enfin l'article 16 lui accorde des pouvoirs exceptionnels lorsque les intérêts vitaux de la République sont menacés.

– Le Premier ministre (nommé par le chef de l'État) dirige l'action du Gouvernement et est responsable devant l'Assemblée nationale.

– Le Gouvernement est doté de nouveaux pouvoirs qui réduisent les prérogatives de l'Assemblée : par exemple, l'article 47 donne au Gouvernement le droit de se substituer au Parlement si le budget n'est pas voté dans les délais impartis.

– Le Parlement est désormais composé de deux Chambres : l'Assemblée nationale et le Sénat (élu au suffrage indirect par un collège d'élus locaux) qui votent les lois. L'Assemblée voit ses pouvoirs limités : elle perd la maîtrise de l'ordre du jour au profit du Gouvernement. Son temps de travail est réduit à deux sessions de trois mois. La compétence législative du Parlement, n'est plus illimitée; la Constitution énumère (art.34) les matières relevant du champ de la loi, les autres domaines étant réservés au pouvoir exécutif. Les procédures de contrôle du Gouvernement sont strictement encadrées : la question de confiance que le Premier ministre pose à

l'Assemblée après délibération du Conseil des ministres, n'exige qu'une majorité simple pour être positive; la motion de censure nécessite une majorité absolue des membres de l'Assemblée pour renverser le Gouvernement.

– Le Conseil constitutionnel, nouvel organe institutionnel, est chargé de veiller à la conformité des lois avec la Constitution.

La gauche non-communiste poursuit un déclin amorcé dès 1946. Le PCF perd un cinquième de son électorat au profit du mouvement gaulliste et se stabilise en conservant son implantation. En 1958, sans alliance avec un autre parti pour le second tour, il n'obtient que dix sièges. Fragilisé par la destalinisation engagée lors du XXe congrès du Parti communiste soviétique, ébranlé par l'écrasement de la révolte hongroise par l'Armée rouge en 1956, il s'oppose au retour de de Gaulle et se met ainsi en désaccord avec l'opinion dominante. L'UFD, Union des forces démocratiques – mendésistes, gauche de l'UDSR avec François Mitterrand, le PSA, Parti socialiste autonome, composé de socialistes dissidents de la SFIO – refuse aussi de légaliser ce qu'elle considère comme le coup de force de de Gaulle. Elle essuie un grave échec. Quant aux autres formations qui ont rallié de Gaulle, la SFIO et le MRP maintiennent temporairement leurs suffrages, les radicaux s'effondrent et les modérés, par leur soutien au chef de l'État, obtiennent un large succès.

Le grand gagnant de ces élections est l'UNR, Union pour la nouvelle République, nouvelle force qui fédère la majorité des organisations gaullistes et où figurent des anciens de la Résistance et du RPF. Officiellement, de Gaulle, souhaitant rassembler tous les Français, refuse qu'une formation se réclame de son nom. Après quelques velléités d'indépendance, l'UNR, sous la pression de de Gaulle, devient un parti de gouvernement. Outre son soutien au gouvernement, il diffuse au niveau du Parlement et de l'opinion, les idées du chef de l'État, notamment sa conception de l'exercice du pouvoir. C'est ce qui fait l'originalité de cette nouvelle formation. Sans doctrine propre, elle se veut pragmatique. L'UDT, Union démocratique du travail, formation gaulliste de gauche qui prône un travaillisme à la française ne rejoint l'UNR qu'en 1962.

Le 21 décembre 1958, de Gaulle est élu premier président de la Ve République. C'est une volonté de rassemblement qui préside à la formation du gouvernement : radicaux, républicains populaires, indépendants et gaullistes sont représentés. Les socialistes refusent d'y participer et se réfugient dans l'attentisme. L'opposition est réduite, seuls le PCF, l'UFD et bientôt l'extrême droite s'élèvent contre la politique de de Gaulle. Les autres partis politiques, en effet, se taisent, soulagés d'être déchargés du fardeau algérien. Pourtant, peu à peu, des divergences apparaissent entre le chef de l'État et les partis. La majorité des indépendants, hostile à la politique économique dirigiste et à la politique libérale du gouvernement en Algérie, est prête à passer dans l'opposition. La minorité, menée par Valéry Giscard d'Estaing, continue à soutenir le gouvernement. Le MRP est lui aussi déchiré entre son soutien et ses convictions européennes. Ses ministres quittent le gouvernement en mai 1962, après que de Gaulle s'est déclaré contre une Europe supranationale, c'est-à-dire avec une autorité européenne au-dessus des institutions nationales. Lors du référendum du 8 avril 1962, les Français approuvent massivement les accords d'Évian qui font de l'Algérie, un État indépendant. La tragédie algérienne est terminée. Les rancœurs accumulées font surface. Les partis et les parlementaires ont supporté la tutelle de de Gaulle parce qu'ils la croyaient provisoire. Ils sont profondément choqués par la lecture présidentielle que de Gaulle fait de la Constitution. Sous l'influence de la personnalité du chef de l'État et des nécessités de la guerre d'Algérie, la pratique des institutions a, en effet, évolué, vers un renforcement des pouvoirs présidentiels : utilisation fréquente des référendums, refus de convoquer une session extraordinaire de l'Assemblée malgré la demande pressante de 300 députés, révocation du Premier ministre Michel Debré et nomination de Georges Pompidou, un non-parlementaire, sans consultation de l'Assemblée...

Face à la fronde naissante, de Gaulle déclare la guerre aux partis politiques. Il décide de renforcer la légitimité du président de la République par son élection au suffrage universel. Cette réforme constitutionnelle doit être approuvée par le peuple par voie de référendum. Levée de boucliers dans le monde politique. Seule l'UNR approuve pleinement cette initiative. Le 5 octobre 1962, la majorité absolue des députés renverse le gouvernement Pompidou. De Gaulle réplique par la dissolution de l'Assemblée nationale. Le « cartel des non » s'organise. Le PCF et la SFIO concluent des accords de désistement pour le second tour des élections. Deux conceptions s'affrontent : d'un côté la tradition républicaine française pour laquelle l'Assemblée incarne seule la souveraineté populaire, de l'autre la vision gaullienne d'un pouvoir d'État au-dessus des partis et du Parlement. Le 28 octobre, les électeurs tranchent en choisissant massivement d'élire eux-même le président de la République. Une nouvelle culture politique se met en place qui admet la coexistence entre le régime républicain et un pouvoir exécutif fort. Les élections législatives de novembre accentuent la défaite des partis traditionnels, notamment des modérés qui perdent presque la moitié de leurs voix. Avec 31,9% des voix, l'UNR enregistre le premier record de l'histoire parlementaire française.

L'année 1962 marque un tournant dans l'histoire du régime car elle signifie l'avènement du fait majoritaire et une profonde mutation du système politique et partisan. Pour la première fois, le gouvernement et le président de la République disposent d'une majorité stable et solide à l'Assemblée : un parti, l'UNR, détient à lui seul 233 sièges sur 482. Plusieurs facteurs expliquent cette révolution. Premier facteur : le référendum a obligé les forces politiques à prendre position pour ou contre de Gaulle. Il les a contraint à se regrouper dans deux ensembles. Deuxième facteur : le mode de scrutin, uninominal majoritaire à deux tours, contraint au regroupement des forces voisines pour le second tour et introduit une bipolarisation à travers le multipartisme. À partir de 1967, pour se présenter au second tour, le candidat doit avoir recueilli 10 % des voix des électeurs inscrits. Cette mesure tend à éliminer les partis qui refusent les alliances. Enfin, troisième facteur, l'élection du président de la République au suffrage universel. Le leadership présidentiel, légitimé par le suffrage universel, simplifie le choix des électeurs. Seuls les deux candidats arrivés en tête au premier tour des élections, peuvent se maintenir au second. Les partis sont amenés à se coaliser derrière un candidat. L'attitude adoptée envers le président devient le clivage majeur du Parlement. Une séparation rigide entre une majorité permanente et une opposition apparaît. Face à ces modifications des règles politiques, l'opposition au président et au gouvernement est contrainte de s'organiser. Mais c'est lentement qu'elle intègre dans sa stratégie les astreintes du nouveau système.

La gauche non-communiste tente deux stratégies qui misent sur la dynamique de l'élection présidentielle. Première stratégie : l'union avec le centre, sous l'impulsion du socialiste Gaston Defferre, en 1965. C'est un échec. Les partis concernés, SFIO, MRP, Parti radical, refusent de se fondre dans un mouvement unique. Ils craignent de perdre leur identité. La démarche est novatrice car elle inclut les clubs politiques nombreux depuis 1958. Ces clubs (Club Jean Moulin, Cercle Tocqueville...) proposent une relève des partis par des groupements qui expriment les forces vives du pays (jeunes agriculteurs, syndicalistes...) et prônent une participation plus active des citoyens dans les affaires publiques.

Deuxième stratégie : l'union des gauches. Le centre en est volontairement exclu. François Mitterrand, homme des clubs, réussit à réunir autour de sa candidature à l'élection présidentielle en 1965 toute la gauche non-communiste (SFIO, PSU, Parti radical, les clubs) dans un cartel électoral : la FGDS,

Fédération de la gauche démocrate et socialiste. Le PCF soutient ce candidat. Le second tour est un succès : 45,5 % des suffrages exprimés. La FGDS établit un programme et passe des accords de désistement automatique avec le PCF pour le second tour des élections législatives de 1967. Mais la SFIO, verrouillée par Guy Mollet qui tient en main les structures du parti, refuse de s'engager plus loin dans l'union. Cette stratégie avorte.

Le centre, après l'échec de la tentative Defferre, tente également de s'organiser. Mais la bipolarisation, FGDS et PCF à gauche, mouvement gaulliste et républicains indépendants pour la majorité rend impossible l'existence d'une force centriste autonome. En 1965, Jean Lecanuet, démocrate chrétien, recueille 15,85 % des voix au premier tour des présidentielles et met ainsi de Gaulle en ballottage. Il affirme l'existence d'un centrisme entre «la gauche collectiviste et la droite nationaliste» et crée le Centre démocrate (CD) qui réunit le MRP, le CNI et les radicaux de droite. Cette formation penche vers la droite. Contrairement aux républicains indépendants, ces centristes adoptent une stratégie d'opposition au gaullisme qui se révèle être un échec. Les RI, quant à eux, préfèrent agir de l'intérieur et participent à la majorité avec toutefois des réticences. C'est le fameux « oui, mais... » de Valéry Giscard d'Estaing en 1967 : oui à la majorité gaulliste, mais avec la volonté de peser sur ses orientations.

Une certaine idée de la France...

«Toute ma vie, je me suis fait une certaine idée de la France...», «la France n'est réellement elle-même qu'au premier rang». C'est par ses mots que le général de Gaulle ouvre ses *Mémoires*, exprimant ainsi l'essence du gaullisme. Le gaullisme apparaît, en effet, avant tout, comme un nationalisme. De ce nationalisme découle la conception gaullienne d'un État fort et d'une démocratie directe unanimiste. De Gaulle consi-

dère que l'État est une réalité supérieure aux partis, aux indivi-
dus et affirme sa volonté de le servir pour renforcer la nation.
Il dénie toute validité au clivage droite-gauche et refuse de
s'enfermer dans une idéologie puisque son objet est d'assumer l'unanimité nationale. Quant à la démocratie, pour de
Gaulle, elle n'est ni la représentation, ni la délibération, ni
l'expression de l'opposition, mais la souveraineté populaire. Il
introduit en France des pratiques de démocratie directe en
entretenant un dialogue constant avec la population. Il
s'adresse régulièrement aux Français par le canal de la radio
puis de la télévision et multiplie les conférences de presse. Il
entreprend de nombreux voyages dans les régions : autant
d'occasions de nouer des liens directs avec les Français. Enfin,
cette démocratie directe s'exprime par les référendums : de
Gaulle fait appel au peuple à cinq reprises de 1958 à 1969,
deux fois à propos de l'indépendance de l'Algérie, les trois
autres concernant la réforme des institutions. Inséparables
d'une question de confiance, ces référendums lui permettent
de ressourcer sa légitimité et de renforcer son autorité.

Les Français sont satisfaits d'être consultés sur des problèmes fondamentaux : les abstentionnistes oscillent entre 15
et 24 %, ce qui est peu. Cette pratique de la démocratie directe
réduit l'influence du Parlement et le rôle des partis politiques.
D'autant plus que de Gaulle limite l'emprise de ces partis en
désignant des technocrates de la haute fonction publique à
certaines fonctions ministérielles. La Constitution, voulue par
de Gaulle et massivement acceptée par les Français, a institué
un pouvoir exécutif fort. La pratique gaullienne des institutions accentue encore l'autorité du président. Lors des événements graves qui secouent l'Algérie (semaine des barricades
en janvier 1960, putsch des généraux en avril 1961), l'État ne
vacille pas. La personnalité et la fermeté de de Gaulle jouent
un rôle essentiel dans le rétablissement de l'ordre et la Constitution lui donne les armes, notamment l'article 16, nécessaires
à une riposte. Les Français approuvent cette évolution vers
une présidentialisation et une personnalisation du régime.

En premier lieu, c'est donc à l'autorité de l'État, mais aussi à la stabilité politique du pays qu'ils souscrivent : seulement deux Premiers ministres en dix ans, on est loin des records de la IVe République.

La percée gaulliste aux élections législatives

(1er tour, en % des suffrages exprimés)

	23.11.58	18.11.62	5.3.67	23.6.68
PCF	19,2	21,7	22,4	20
UFD	1,2 (extrême gauche)	2,4	2,2	3,95
SFIO	15,7	12,6 (FGDS)	18,7	16,53
Radicalisme	7,3	7,5		10,3 (PDM)
MRP	11,1	8,9 (Centre démocrate)	13,4	
Modérés	22,1	9,6		
Républicains indépendants		4,4		46
Gaullistes	20,4	31,9	38,1	
Extrême droite	3	1	0,8	
Divers			4,1	3,21
Abstentions	*22,9*	*31,3*	*19,1*	*20,04*

En deuxième lieu, les Français sont reconnaissants à de Gaulle du règlement de la guerre d'Algérie. En 1958, majoritairement favorables au maintien de l'Algérie française, ils accueillent avec soulagement son retour au pouvoir. De Gaulle réussit progressivement à leur faire accepter l'inéluctabilité de la décolonisation. Par l'extraordinaire popularité dont il jouit alors, il transforme l'inévitable en politique volontariste.

En troisième lieu, la politique extérieure de la République gaullienne séduit l'opinion. Le redressement intérieur, rééquilibrage des finances, autorité de l'État, permet à de Gaulle de réaliser son grand dessein : rendre à la France sa pleine souveraineté sur la scène internationale. Premier aspect : l'indépendance du pays. Pour contrebalancer l'influence croissante des États-Unis dans le monde, de Gaulle décide de se rapprocher de l'Union Soviétique. Dans le cadre de cette politique d'indépendance, la France acquiert sa propre force de frappe nucléaire et se retire du commandement unifié de l'OTAN en 1966. Les Français applaudissent, même les communistes aquiescent. Deuxième aspect : l'avenir de la France. Pour le chef de l'État, cet avenir est en Europe, une Europe d'États souverains dont le noyau est le couple franco-allemand. Là encore, les Français approuvent. Dernier aspect : la vocation et l'image de la France dans le monde. La France, reprenant sa tradition révolutionnaire, soutient les peuples qui réclament le droit à disposer d'eux-mêmes et développe une politique d'aide au tiers monde. De Gaulle, par son ambition nationale, redonne à cette France amputée de son empire colonial le sentiment de sa grandeur. Selon la formule du général de Gaulle : «Toute politique qui ne donne pas à rêver est condamnée». En dernier lieu, la majorité des Français crédite le régime de l'assainissement des finances de l'État et de la modernisation économique. À travers la planification présentée comme une «ardente obligation», l'État modifie progressivement les structures de l'économie française et modernise l'appareil productif pour le rendre apte à affronter la concurrence internationale. La France, dégagée d'un protectionnisme frileux, doit être compétitive : politique de concentration dans le secteur industriel et des services ; restructuration avec par exemple le plan Jeanneney qui dès 1959, décide de réduire progressivement la production de charbon, politique structurelle dans l'agriculture avec la volonté d'accélérer les mutations rurales. Cette politique volontaire, soutenue par une conjoncture économique internationale favorable, permet une rapide croissance économique et une élévation générale du niveau de vie des Français. De Gaulle a su négocier l'adaptation de l'Hexagone aux nécessités de l'époque.

Ces quatre points, stabilité politique, règlement de la guerre d'Algérie, politique extérieure et bonne santé économique expliquent l'adhésion des Français au nouveau système politique ainsi que la popularité du chef de l'État. Pendant la période algérienne d'union nationale, de Gaulle est largement soutenu par six à sept Français sur dix. La marche forcée vers la modernisation laisse sur le bord de la route des perdants. Même si le monde agricole, et surtout son aile moderniste avec le CNJA, Centre national des jeunes agriculteurs, fait confiance à de Gaulle, les colères rurales, jusqu'en 1965, attestent des difficutés d'adaptation des campagnes : l'agriculture perd plus du tiers de ses effectifs entre 1954 et 1968 (14,9 % de la population active). Autres victimes, les artisans et commerçants : le premier hypermarché Carrefour ouvre ses portes en 1963. La classe ouvrière atteint 37,7 % de la population active en 1968 et elle est également ébranlée par les mutations et reconversions. La fermeture de nombreuses mines de charbon en 1962 et 1963 provoque des grèves qui s'étendent au secteur nationalisé. Ce monde ouvrier reste fidèle aux partis de gauche, même si quatre ouvriers sur dix soutiennent régulièrement de Gaulle. En revanche, les professions en expansion, cadres supérieurs et professions libérales, cadres moyens, employés sont, en grande partie, séduites par la modernisation. De Gaulle réussit à réunir les deux fractions antagonistes de la classe moyenne. Aux uns, il tient le langage de la modernité ; aux autres, il adresse un discours nationaliste qui exalte les valeurs de la France éternelle. Il rassure ainsi les couches sociales indépendantes et leur fait accepter les nécessités du progrès économique. Les Français expriment leur adhésion au gaullisme en soutenant non seulement le chef de l'État mais aussi l'UNR qui voit augmenter le nombre de ses suffrages lors des élections tout au long de la période gaullienne. Politiquement, de Gaulle réussit, tant qu'il est au pouvoir, à brouiller le clivage droite-gauche. Cependant, à partir de 1962, les mécontentements s'accumulent, de Gaulle apparaît de plus en plus comme le chef de la majorité. Les Français ont un sentiment d'injustice quant à la répartition des fruits de la croissance. D'après les sondages, le point le plus négatif concerne, en effet, la politique sociale du gouvernement, ou plutôt son absence. À partir de 1968, débute une nouvelle vague d'agitation «néo-poujadiste» des commerçants et artisans menée par Gérard Nicoud. De plus, les milieux économiques dirigeants sont mécontents de l'interventionnisme de Michel Debré, alors ministre de l'Économie.

MAI 68 :
LA REMISE EN CAUSE

Crise de civilisation, crise sociale, crise politique

Coup de tonnerre dans le ciel de la République gaullienne. Mai 68, par l'ampleur de la contestation sociale, surprend les contemporains. Depuis 1958, le Parlement ne joue plus son rôle traditionnel de canalisation des mécontentements et le système des partis, organes d'expression de l'opinion, est en crise. Les problèmes de la société s'extériorisent dans la rue.

À partir du 3 mai, un mouvement de révolte né à l'université de Nanterre, gagne les étudiants de toutes les facultés. Entre 1958 et 1968, le nombre d'étudiants a augmenté de 180 %. Ils sont 500 000 en 1968, enfants du baby-boom et de l'allongement de la scolarité. Exiguïté des locaux, système hiérarchisé, les structures de l'université craquent. De plus, la majorité des étudiants sont désormais issus des classes moyennes et s'inquiètent, particulièrement en sciences humaines, du débouché de leurs études. Grèves, fermeture des établissements, manifestations, barricades dressées dans les rues du quartier latin, rues dépavées, voitures brûlées, arrestations, Sorbonne et Odéon occupés, défoulement verbal et symbolique : «prenez vos désirs pour des réalités», «cours camarade, le vieux monde est derrière toi», «l'imagination prend le pouvoir», «il est interdit d'interdire»... Autant de slogans qui témoignent du rejet des valeurs héritées de l'avant-guerre, fondées sur le respect de l'autorité et de la hiérarchie que ce soit celles de la famille, de l'Église, de l'État ou de la morale. Remise en question du vieux monde mais également rejet de la société de consommation, de l'idéologie productiviste qui aliène l'être humain et du capitalisme sauvage qui détruit l'environnement. Des aspirations nouvelles voient le jour : rêve d'une société libertaire, autogérée, une société plus fraternelle, moins anonyme ; demande de participation, de responsabilisation, de dialogue avec les ainés... De nombreux groupuscules gauchistes, maoïstes, situationnistes, trotskystes, nés dans les années 60, et aussi l'UNEF, Union nationale des étudiants de France, principal syndicat étudiant de gauche, mènent cette révolte, suivis par l'ensemble des étudiants. La répression policière envers les étudiants entraîne le pays dans un élan de solidarité.

Jamais dans l'histoire de la France contemporaine, il n'y a eu un mouvement social aussi important : 9 millions de grévistes, fin mai. Grèves spontanées et occupations d'usines se développent en dehors de toute structure syndicale. Depuis 1967, le ralentissement de la croissance, la hausse des prix et la montée du chômage – les sans-travail sont quatre fois plus nombreux qu'en 1964 : 37 000 en avril 1968 – entraînent un mécontentement généralisé. La crise sociale paralyse le pays : gares désertes, communications coupées... même la Banque de France est en grève. Les premiers grévistes sont de jeunes ouvriers et employés qui, pour la plupart, sont plus diplômés que la génération précédente. Ils ont l'impression que leur mobilité sociale est bloquée. Ces grèves touchent rapidement tous les secteurs de l'économie et l'ensemble des salariés y compris les cadres. Fait majeur, elles ne concernent plus seulement les demandes classiques d'augmentation de salaire ou d'amélioration des conditions matérielles de travail. Les ouvriers participent au refus des hiérarchies établies, au rejet du principe d'autorité. Ils réclament une modification des rapports humains dans l'entreprise, une participation aux décisions, une reconnaissance de la dignité de chacun. Le 27 mai, les négociations de Grenelle entre le gouvernement Pompidou, le patronat et les syndicats notamment la CGT avec Georges Séguy, concèdent des augmentations de salaire considérables. Les grévistes les rejettent.

Le mouvement touche enfin le monde politique stigmatisant le décalage entre les Français et les sommets de l'État. Le pouvoir gaulliste vacille. Depuis les élections législatives de 1967, le climat politique s'est alourdi. Le gouvernement ne dispose que d'une courte majorité et use massivement de la procédure des ordonnances qui dessaisit le Parlement. L'attitude de de Gaulle en politique extérieure surprend. En 1967, la condamnation d'Israël pendant la guerre des six jours, l'éclat de «Vive le Québec libre», irritent une large partie de l'opinion. Valéry Giscard d'Estaing dénonce «l'exercice solitaire du pouvoir». Même les «godillots» du général (ses inconditionnels partisans) grognent. De Gaulle a mis le pays sous tutelle. Au sein de l'ORTF, radio et télévision, médias d'État, sont étroitement surveillés par le ministère de l'Information. La censure d'État devient pesante. Le 24, le chef de l'État apparaît à la télévision et propose un référendum.

Comme il le dit lui-même, il «met à côté de la plaque». François Mitterrand aussi : le 28 mai, constatant la vacance du pouvoir, il se porte candidat à la présidence de la République et propose un gouvernement provisoire sous la direction de Mendès France. Mais les manifestants rejettent tous les partis de gauche, comme de droite. Quant au PCF, craignant le débordement sur sa gauche, il rappelle à l'ordre les grévistes et participe ainsi au rétablissement de l'ordre. Les Français ont l'impression que le pouvoir a perdu tout contrôle sur les événements et l'opposition ne leur paraît pas non plus crédible. Cependant dès le 27, les sondages montrent la lassitude de l'opinion et la crainte des troubles. Le 30, dans un discours à la nation, le président annonce la dissolution de l'Assemblée, solution soufflée par Pompidou. C'est un dénouement que les partis politiques de gauche ne peuvent refuser. Les étudiants crient à la trahison : «élections, pièges à cons». Mais le pays retrouve peu à peu son calme. Le travail reprend. Les élections ont lieu en juin : échec de la gauche, raz-de-marée conservateur. Sur le thème de la défense de l'ordre, les gaullistes obtiennent la majorité absolue des sièges à l'Assemblée.

Dans les années 60, alors que la société française entre dans l'ère des loisirs et de la consommation de masse, les valeurs traditionnelles issues du XIXe siècle continuent à modeler les comportements et les rapports sociaux. Mai 68 est avant tout une crise morale et culturelle qui témoigne de ce décalage. Dans les autres pays industrialisés, l'évolution a été progressive. En France, il se pourrait que la structure politique, État autoritaire, centralisé et bureaucratique, explique le recours à la crise comme mode d'adaptation. Révolution du verbe éphémère, la révolte, par sa portée culturelle, imprègne toute la décennie 70.

Les leçons de mai

Les aspirations des Français exprimées au mois de mai, relayées par un mouvement associatif en essor et par les groupuscules gauchistes, bousculent des partis politiques assoupis. L'agitation sociale, universitaire et lycéenne de toute une génération se poursuit, parfois violente, souvent provocatrice. La décennie 70 est ultra politique. L'extrême gauche, libertaire ou léniniste, se développe, ouverte à toutes les alternatives et à toutes les marginalités. La mort de Pierre Overney, ouvrier militant maoïste abattu à la porte des usines Renault en 1972, sonne le glas du gauchisme politique. Seul le PSU, Parti socialiste unifié, subsiste. Micro-parti créé en 1960, il représente une gauche anti-collectiviste et autogestionnaire, véritable laboratoire intellectuel de toute la gauche. Féminisme, autogestion, écologie, régionalisme, militantisme homosexuel, communautés rurales, libération sexuelle, préoccupations tiers mondistes et humanitaires, cette décennie est celle de la contestation et de la revendication du droit à la différence. Des associations se mobilisent sur de nouveaux problèmes et contribuent à les porter sur la scène politique : combat en faveur de l'avortement, lutte contre la pollution... La part culturelle de mai triomphe silencieusement dans la population : la révolution des mœurs s'accomplit, l'ancienne rigidité des rapports sociaux disparaît peu à peu, les disciplines s'assouplissent, les codes s'estompent. Le dialogue, la concertation deviennent les mots de passe de tout exercice du pouvoir.

Quant au chef de l'État, il prend acte des demandes exprimées tout au long du mois de mai. La loi de décembre 68 autorise la création de cellules syndicales dans l'entreprise. La loi Edgar Faure instaure le principe d'autonomie des universités ainsi que l'association des étudiants et du personnel administratif à leur gestion. Enfin, le référendum sur la réforme du Sénat et des régions, met en œuvre l'idée de participation, notamment la participation des Français aux prises de décision locales, et permet au général de Gaulle de renouveler son contrat personnel avec le peuple. Contrat rompu : le 27 avril 1969, 53,2% des Français repoussent le projet. Désavoué par le suffrage universel, il quitte le pouvoir. Lors des élections présidentielles de juin, Pompidou, soutenu par les républicains indépendants qui ont pourtant contribué à la défaite du général de Gaulle, est élu avec 57,8 % des suffrages exprimés, mais seulement 37 % des inscrits. En l'absence d'un candidat de gauche au deuxième tour, le PCF a appelé à l'abstention. Pompidou élu, la Ve République et le gaullisme ne peuvent plus être considérés comme une parenthèse. D'autant que la majorité s'est renforcée d'une composante du centre, le CDP, Centre démocratie et progrès, de Jacques Duhamel. Le nouveau Premier ministre Jacques Chaban Delmas, entend poursuivre une politique de réformes pour répondre à la crise de mai 1968. C'est la « nouvelle société » : « politique contractuelle » qui entend associer les partenaires sociaux (syndicats et patronat) à toute mesure sociale prise par le gouvernement, nouveau régime des conventions collectives, négociation de contrats de progrès dans les entreprises nationales, permettant ainsi aux salariés la participation à la croissance des entreprises, mensualisation des salaires, création du SMIC, salaire minimum interprofessionnel de croissance, en 1970, qui aligne désormais le salaire minimum sur les progrès de la croissance, libéralisation de la radio-télévision avec la suppression du ministère de l'Information et la création d'unités autonomes d'information au sein des chaînes, amorce d'une décentralisation avec la création de régions aux compétences exclusivement économiques, prise en compte de revendications qualitatives formulées en mai 1968 avec la création d'un ministère de la Protection de la nature et de l'environnement. Le Premier ministre prolonge, d'autre part, l'effort d'industrialisation du pays.

La « nouvelle société » irrite la frange la plus conservatrice de la majorité qui s'inquiète de cette ouverture sociale. L'opinion publique la plébiscite comme le démontrent les succès de la majorité lors des élections intermédiaires (cantonales et municipales). Le 5 juillet 1972, Pompidou, voulant affirmer la primauté présidentielle, « démissionne » le Premier ministre qui jouit pourtant du soutien massif de l'Assemblée. Pierre Messmer lui succède, marquant un tournant conservateur, avec notamment la reprise en mains des médias d'État. Pour les gaullistes, mai 68 est bien terminé.

À gauche, à court terme, le mouvement de mai casse la dynamique fragile de l'union de la gauche. Le PCF est démythifié, affaibli dans sa légitimité révolutionnaire par l'essor de l'extrême gauche et par l'écrasement du printemps de Prague par les chars soviétiques en 1968. La SFIO est un parti sclérosé en décomposition : aux élections présidentielles, Defferre obtient 5 % des voix. La direction est obligée de réagir. La SFIO se saborde au congrès d'Issy-les-Moulineaux en juillet 1969 et renaît sous le nom de Parti socialiste. Renaissance effective en juin 1971 lors du Congrès d'épinay : François Mitterrand dont la CIR, Convention des institutions républicaines, union de clubs, fusionne avec le PS, prend la tête du parti. Les modernistes, partisans du libéralisme culturel révélé par mai 68, intégrant dans leur stratégie les nouvelles règles du jeu politique, l'emportent sur les archaïques. L'ère molletiste est close. La tactique du nouveau Premier secrétaire Mitterrand est claire : ancrer le PS à gauche et soustraire au PCF une partie de son électorat. En mars 1972, le PS adopte un programme «Changer la vie», inspiré en partie par les idées de mai 68 et marqué par une radicalisation des objectifs économiques (nationalisations, planification). Le mouvement de mai a en effet diabolisé le profit, l'entreprise, le marché, le patronat et la concurrence capitaliste. C'est seulement en 1982 que la gauche française fera son aggiornamento idéologique. En juin 1972, il signe le Programme commun, accord programmatique et électoral, avec le PCF. Pour rompre son isolement, le PCF, sous la houlette de Georges Marchais n'a pas lésiné sur les concessions. Lors des élections législatives de 1973, le PS remonte à 19,2 % des suffrages exprimés, prouvant ainsi le bien-fondé de la stratégie mitterrandienne.

Mai 68 aura agi comme une onde de choc sur la société française dont les répercussions sur le plan politique se prolongent par les réformes de 1974-1975. Giscard d'Estaing, élu président de la République en 1974 après la mort de Pompidou, entreprend, dans la droite ligne de mai, de « décrisper » la société française : volonté de dialogue avec une opposition légitimée, droit de saisine du Conseil constitutionnel élargi aux parlementaires, éclatement de l'ORTF en vue d'alléger la tutelle de l'État sur la radio et la télévision, droit de vote à 18 ans, généralisation de la Sécurité sociale, réglementation des licenciements collectifs, légalisation du divorce par consentement mutuel, libéralisation de la vente des contraceptifs, loi autorisant l'interruption volontaire de la grossesse, création d'un secrétariat d'État à la condition féminine... Autant d'adaptations des textes à l'évolution des mentalités des Français.

DE DROITE À GAUCHE

L'échec de la « Démocratie française »

Les contraintes institutionnelles, élection du Président au suffrage universel et mode de scrutin, achèvent durant cette période de modeler le système politique français. Les tentatives du centre de constituer une troisième force, échouent. Le Mouvement réformateur, réunissant notamment le Centre démocrate et le Parti radical, est créé en 1971, sous l'impulsion du radical Jean-Jacques Servan Schreiber. Ce mouvement éclate et rallie la majorité giscardienne lors des présidentielles de 1974. Le Parti radical s'est scindé dès 1972 avec d'un côté, l'aile gauche, le MRG, Mouvement des radicaux de gauche, qui rejoint la gauche et signe le Programme commun et de l'autre, l'aile droite, le Parti radical valoisien. Avec la démission de Jacques Chirac du poste de Premier ministre, en 1976, marquant le début de l'opposition larvée de l'UDR rebaptisée RPR,

Rassemblement pour la République, Giscard d'Estaing prend conscience de la nécessité de disposer d'un parti présidentiel majoritaire à l'Assemblée. Il crée en 1978, l'UDF, Union pour la démocratie française. Au sein de cette fédération, coexistent trois familles politiques : le libéralisme politique avec le PR, Parti républicain qui succède aux républicains indépendants, la démocratie chrétienne avec le CDS, Centre des démocrates sociaux, qui réunit le Centre démocrate de Jean Lecanuet et le Centre démocratie et progrès de Jacques Duhamel et le radicalisme laïque avec le Parti radical valoisien.

C'est la fin d'une époque, le clivage de la laïcité n'est plus prédominant. Giscard d'Estaing s'inscrit dans la tradition libérale encore appelée modérée. Elle se caractérise par le refus des extrêmes, par l'association d'un aspect libéral et d'un aspect conservateur. Giscard d'Estaing tente avec son ouvrage *Démocratie française*, de constituer un corps de doctrine et de doter cette famille de pensée d'un programme. L'auteur fonde sa détermination de gouverner au centre et sa certitude de trouver une majorité, sur l'analyse de la société. Il part de la constatation qu'il existe dans la société française un groupe central majoritaire caractérisé par un comportement, un mode de vie, une éducation, une culture et des aspirations qui tendent à devenir homogènes. Giscard d'Estaing pense qu'un parti doit prendre en charge les aspirations de ce nouveau groupe qui souhaite une politique du «juste milieu». Il y a en effet, unification des modes de vie et croissance effective des classes moyennes (ingénieurs, cadres administratifs, professeurs, salariés des services médicaux, techniciens...).

Cependant les antagonismes sociaux et politiques restent vifs et les bases sociales de l'électorat de l'UDF, cadres supérieurs, patrons, agriculteurs, professions libérales, ne correspondent pas à la théorie. De plus, dans les sociétés libérales, les partis politiques sont appelés à transcender les clivages sociaux et non à représenter un groupe social unique. Avec la création de l'UDF, qui parvient électoralement à rivaliser, mais non à dépasser le RPR, la bipolarisation est achevée. Aux élections législatives de 1978, deux camps s'affrontent, chacun se composant lui-même de deux entités : le PCF et le PS à gauche, l'UDF et le RPR à droite. C'est le quadrille bipolaire. L'opinion publique se divise en deux blocs sensiblement égaux. Les Français durant cette décennie participent activement lors des élections nationales. En 1974, par exemple, au deuxième tour des élections présidentielles, le taux d'abstention tombe à 12,6 % des inscrits. Les adhérents affluent. La bipolarisation et la présidentialisation du régime ont simplifié les choix, éclairci les débats, fourni d'utiles points de repères.

Perte de la présidence de la République en 1974, de la direction du gouvernement en 1976, chute importante de voix aux législatives de 1978, pour le mouvement gaulliste, c'est le temps du reflux. Miroir du peuple français, jusqu'au début des années 70, il s'ampute ensuite de son électorat populaire. En 1976, Chirac transforme l'UDR en RPR, en devient le président et par là-même, acquiert un statut de présidentiable. Le RPR adopte un programme anti-giscardien. Contre le « laxisme » du chef de l'État, il se prononce pour une politique sécuritaire. Contre son libéralisme économique, il affirme le rôle de l'État et du plan. Contre sa politique européenne, il affiche le souci de l'indépendance nationale et d'une Europe des patries. Bien que faisant toujours partie de la majorité, le RPR mène une guérilla contre le chef de l'État en refusant notamment de voter des projets de lois, ce qui entraîne des difficultés de gouvernement.

Le climat politique est encore alourdi par les mauvais résultats électoraux. À partir de 1976, pour la première fois sous la Ve République, la droite n'est plus majoritaire dans le pays. Outre sa désunion, deux autres facteurs expliquent cette érosion : concurrence du PS en expansion et incapacité du gouvernement d'enrayer la crise économique. Giscard d'Estaing a cherché à séduire la gauche modérée et le centre gauche par son langage et ses réformes. Erreur tactique. Ses réformes déplaisent à la majorité conservatrice et ne rallient pas non plus l'électorat de gauche attiré par un PS rénové. La crise économique déclenchée lors du premier choc pétrolier de 1973, aggravée par le deuxième choc de 1979, se traduit par un ralentissement de la croissance, une hausse de l'inflation (13,4 %), une augmentation rapide du nombre des chômeurs (1,6 million) qui alimentent le mécontement de l'opinion. La politique d'austérité du gouvernement Raymond Barre, à partir de l'automne 1976 accentue l'impopularité du pouvoir. De plus, les Français perçoivent mal la politique extérieure du président. Dans un contexte de tension internationale grandissante, le chef de l'État tente de poursuivre une politique de détente. Tous ces facteurs contribuent à la défaite du président sortant, aux élections présidentielles de 1981. La droite perd un pouvoir qu'elle détenait depuis 23 ans.

Coup de barre à gauche : l'alternance de 1981

Le renouveau du Parti socialiste est un événement majeur des années 70. En 1974, une partie du PSU avec Michel Rocard, et des syndicalistes de la CFDT rallient le nouveau parti. Les élections cantonales de 1976, et surtout municipales de 1977, révèlent que le PS croît aux dépens du PCF et que la gauche est désormais majoritaire dans le pays. Aux élections législatives de 1978, elle obtient au premier tour la majorité absolue des suffrages exprimés. Mais l'influence du PCF effraie nombre de sympathisants de gauche. La droite l'emporte au second tour : «France de gauche vote à droite». Le clivage de l'anticommunisme est toujours marquant.

Plusieurs éléments expliquent cette renaissance du PS. En premier lieu, de nombreux électeurs de gauche qui avaient basculé du côté gaulliste en 1958, reviennent, dans les années 70, à leur famille politique d'origine. Certains électeurs qui votaient centre démocrate ou radical se tournent vers le PS quand le centre rejoint la majorité conservatrice en 1974. En deuxième lieu, la croissance du PS s'asseoit principalement sur les couches salariées qui gonflent le secteur tertiaire. Son électorat est cependant interclassiste, composé d'ouvriers, d'employés, de cadres moyens et supérieurs. En troisième lieu, le PS incarne le libéralisme culturel fondé sur le principe de l'égale valeur de tout être humain. Il véhicule une image de modernité que le PCF ne semble pas capable d'assumer. Il parvient à représenter les aspirations d'une partie des Français, particulièrement des jeunes générations. Or ces derniers, plus nombreux, votent désormais à partir de 18 ans et choisissent majoritairement le nouveau parti. Le PS se féminise, se nationalise et gagne des voix chez les catholiques. En dernier lieu, la dynamique de l'union de la gauche lui profite tout en l'ancrant à gauche.

Dans les années 70, le PS est un lieu de débats intenses. Ses effectifs augmentent, notamment chez les fonctionnaires et les enseignants. Le parti se compose alors de quatre courants : un grand courant central autour de François Mitterrand, le courant rocardien incarnant la «deuxième gauche» autogestionnaire et décentralisatrice, le courant Mauroy, héritier des anciens bastions de la SFIO et enfin le CERES, Centre d'études et de recherches socialistes, de Jean-Pierre Chevènement représentant l'aile gauche marxisante. Lors du congrès de Metz, en 1979, les débats sont vifs, le PS accentue son choix d'un socialisme étatiste en «rupture avec le capitalisme». Les 110 propositions du candidat Mitterrand lors des présidentielles de 1981 en témoignent. Les nouveaux ralliés avec Michel Rocard contestent cette ligne politique et dénoncent l'archaïsme de la direction.

Quant au PCF, depuis la signature du Programme commun en 1972, il entreprend une ouverture démocratique : en 1976, au XXIIe congrès, il renonce au dogme de la dictature du prolétariat. Il tente, avec l'eurocommunisme, de se rapprocher des partis communistes italien et espagnol et de se dégager de la tutelle de l'URSS. Tentative avortée. En 1979, il approuvera l'intervention du «grand frère» en Afghanistan. D'autre part, face à la croissance du PS, il s'abîme dans une crise d'identité. En 1977, il provoque la rupture du Programme commun, se réfugie dans le sectarisme et vilipende le PS. Le PCF reste cependant, durant la décennie, un parti puissant et original. Avec ses nombreux militants, son contrôle sur la CGT, le plus puissant syndicat de salariés de France, sa solide implantation locale avec ses élus municipaux, son emprise sur de multiples mouvements associatifs, il est présent sur tous les terrains. Sa défense des exclus, la vie intense et conviviale du parti expliquent son influence toujours importante dans les couches les plus défavorisées de la population et l'imperturbabilité de ses militants, les hommes de marbre. Le politologue Georges Lavau a mis en évidence sa fonction tribunitienne. Le PCF se fait, en effet, le porte-parole des exclus. Il canalise et discipline les révoltes, participant ainsi à la légitimation et à la stabilisation du système politique. En outre, il permet à ses militants issus des classes populaires, principalement ouvrières d'accéder à la connaissance et à la maîtrise des codes politiques, quand l'action politique est généralement réservée aux citoyens les plus instruits.

Le 10 mai 1981, malgré la désunion de la gauche, Mitterrand est élu président de la République. Les élections législatives confirment et amplifient la victoire du PS : il obtient la majorité absolue des sièges à l'Assemblée nationale. Pour le PCF, la défaite est historique : 15,3 % des voix pour son candidat Georges Marchais au premier tour des présidentielles, 16,4 % au premier tour des législatives de mai 1981. Il participe cependant au gouvernement. Les partis de droite sont sonnés, d'autant plus qu'à part le Sénat, toutes les représentations électives, cantons, municipalités, Assemblée et enfin présidence de la République sont désormais à gauche. L'alternance est réalisée. L'acceptation des institutions de la Ve République par la gauche pérennise l'édifice bâti par de Gaulle. Un clivage entre la droite et la gauche disparaît.

Le gouvernement Mauroy engage dès juin l'une des politiques de structures les plus ambitieuses depuis la Libération : grande vague de nationalisations, décentralisation, réformes sociales et culturelles avec l'abolition de la peine de mort, la libéralisation de l'audiovisuel qui autorise les radios locales privées, les lois Auroux qui visent à renforcer les droits des travailleurs dans l'entreprise... Pour réduire le chômage, le gouvernement compte sur un partage du temps de travail et sur la reprise de la consommation que doit soutenir la politique de relance avec d'une part, les lois instaurant les 39 heures de travail hebdomadaires, les 5 semaines de congés payés, la retraite à 60 ans et d'autre part, la majoration du SMIC, du minimum vieillesse, des allocations familiales... Mais l'état de grâce prend rapidement fin. Les élections cantonales de mars 1982, puis les municipales de 1983 se soldent par un revers pour la majorité. À gauche, pour certains, la «rupture avec le capitalisme» se fait trop attendre. Au centre gauche, au contraire, on craint les débordements, on désapprouve que le PS ait investi tous les rouages de l'État. Pour tous, les mesures prises n'ont pas l'effet escompté : le déficit de la balance commerciale s'aggrave, celui du budget se creuse, l'inflation stagne à 14%, la dette extérieure augmente, les dévaluations affaiblissent le franc, le nombre de chômeurs dépasse les 2 millions en 1983. C'est l'échec de «l'autre politique».

Chapitre 3

CRISE DE LA REPRÉSENTATION ?

L'abstentionnisme croissant, la volatilité électorale qui se manifeste essentiellement à travers le vote pour deux nouvelles formations, le Front national et les écologistes, le désengagement partisan, le discrédit des hommes et des partis politiques témoignent, depuis la fin des années 80, d'une grave crise de la représentation. Les partis sont comme tétanisés, incapables de réagir face aux mutations de la société, impuissants face à la crise et à ses conséquences sur l'emploi.

L'ÉCONOMIE PREND
LE PAS SUR LE POLITIQUE

Aggiornamento de la gauche

La politique de relance tentée par les socialistes a été mise en œuvre dans un contexte d'austérité mondiale. Elle se traduit notamment par une aggravation du chômage et met en évidence la contrainte extérieure. Dépendante de l'évolution économique des trois grands pays riches, États-Unis, Japon, Allemagne, la France ne peut se permettre une politique différente de celle de ses partenaires occidentaux. Elle entre donc dans l'ère de la «rigueur», économique et sociale. L'action gouvernementale, à partir du printemps 1982, témoigne de cette révision : blocage des prix et des salaires, contrôle des changes, restructurations industrielles notamment dans la sidérurgie, économies budgétaires, relèvement des tarifs de services publics... La primauté du marché et de l'entreprise privée face à l'État entrepreneur est affirmée. Le PS doit renoncer à l'essentiel de ses certitudes, la référence à Marx est abandonnée, les salaires désindexés, le profit réhabilité, les nationalisations dépassées. La doctrine et le programme des années 70 ne résistent pas au choc de la gestion. Le volontarisme des militants cède la place aux «compétences» de la haute fonction publique. Cet abandon du dogme de l'anticapitalisme imposé aux militants provoque une crise au sein du PS et, en juillet 1984, la non-participation des communistes au nouveau gouvernement de Laurent Fabius. Contraint d'avaliser les choix gouvernementaux, le PS ne constitue plus une force de proposition et il n'arrive pas, non plus, à assumer le rôle de relais de la politique gouvernementale dans l'opinion. Il subit une crise de militantisme, sa vie interne est mise en sommeil.

Les effets des réformes combinés au mécontentement provoqué par les nouvelles mesures économiques et leurs conséquences sociales, baisse du pouvoir d'achat, chômage, entraînent dès 1983, une explosion de revendications et conflits sociaux. La popularité des gouvernants est au plus bas. En 1984, face aux syndicats hostiles aux restructurations industrielles, le gouvernement veut démontrer son ancrage à gauche en faisant adopter par l'Assemblée un projet de réforme de l'enseignement privé. Une partie de l'opinion assimile le projet à la confiscation potentielle d'une liberté fondamentale : un million de personnes descendent dans la rue à Paris le 24 juin. Le PS perd son image de défenseur des libertés quand paradoxalement il gagne celle de gestionnaire. En effet, hormis le chômage qui augmente régulièrement, les grands équilibres économiques se redressent à partir de 1985.

Les élections européennes de 1984, puis les cantonales de 1985, confirment le glissement à droite de l'électorat et l'érosion du PS. Pour limiter l'ampleur de sa défaite annoncée pour les législatives de 1986, le gouvernement opte pour la représentation proportionnelle. Opération partiellement réussie. La droite, qui a présenté de nombreuses listes communes UDF/RPR, obtient, de justesse, la majorité absolue des sièges à l'Assemblée nationale.

La droite en échec

François Mitterrand, dont le mandat expire en 1988, nomme Jacques Chirac, le leader de la nouvelle majorité parlementaire, Premier ministre. Fait nouveau en France, un président de gauche et un gouvernement de droite cohabitent à la tête de l'État. Le RPR et l'UDF ont conclu en 1985 une plate-forme de gouvernement marquant un infléchissement des grands thèmes gaullistes vers les positions de la droite libérale : limitation de l'intervention de l'État aux domaines de la sécurité, de la défense et de la justice, abandon de son rôle dans la vie économique et sociale. Le RPR perd ainsi ce qui constituait l'originalité du gaullisme. Quant à l'UDF, son ralliement aux thèses sécuritaires lui enlève son orientation moderniste sur les problèmes de société. La politique engagée par le nouveau gouvernement s'inscrit donc dans la tradition ultra libérale : libérer l'économie et la société de la tutelle de l'État, en laissant jouer totalement les lois du marché. Dans le domaine économique, il poursuit une politique d'inspiration monétariste, privatise, supprime en avril 1986 l'IGF, l'impôt sur les grandes fortunes (institué en 1981) et l'autorisation administrative de licenciement en juin 1986... Dans le domaine culturel et social, il étend la liberté de communication avec notamment la suppression du monopole de l'État sur la diffusion hertzienne, privatise TF1, fait voter la loi Méhaignerie libérant les loyers...

Très vite, le gouvernement bute sur l'hostilité de l'opinion publique majoritairement réticente à ce libéralisme jugé excessif. De plus, la suppression de l'IGF, l'encouragement à la retraite privée par capitalisation situent le gouvernement du côté des «gros». Le projet de loi sur l'enseignement supérieur, perçu comme une volonté de sélection à l'entrée à l'université, jette, début décembre 1986, étudiants et lycéens dans la rue. Les violences policières, avec la mort d'un étudiant, scandalisent l'opinion. Le gouvernement recule et retire le projet. Aux élections présidentielles de 1988, le président sortant mène sa campagne sur le thème de l'ouverture au centre. Face au candidat de la droite, Jacques Chirac, François Mitterrand est réélu au deuxième tour avec 54% des voix. «France de droite, vote à gauche». La droite est majoritaire mais désunie. Après la dissolution de l'Assemblée, les élections législatives de juin qui ont de nouveau lieu au scrutin majoritaire, permettent aux socialistes de retrouver une majorité, toutefois relative.

UN JEU POLITIQUE
PERTURBÉ

Des citoyens insatisfaits : la volatilité électorale

La volatilité électorale, à partir de 1986, est le signe d'une insatisfaction des Français à l'égard de leurs représentants. Les électeurs deviennent de plus en plus instables, votant pour un parti, puis pour un autre, se refugiant le temps d'une élection dans l'abstention... Les abstentions et les votes blancs ou nuls (10 % au deuxième tour des législatives de mars 1993) sont en nette progression. Ce phénomène touche plus particulièrement sur le plan sociologique, les ouvriers, les professions intermédiaires, et sur le plan politique, les électeurs de gauche. De plus, la précarité du travail, la perte d'identité provoquée par le chômage et la pauvreté conduisent à la non-inscription sur les listes électorales, à l'instabilité des choix, à l'adhésion aux discours les plus réducteurs. Ce malaise se traduit par l'érosion des forces traditionnelles, l'effondrement du PCF et surtout l'apparition de nouvelles formations politiques.

La France a connu dans son passé des « poussées de fièvre » nationalistes mais l'originalité du national populisme du Front national réside dans son implantation, semble-t-il durable, dans la société et le paysage politique. Fondé en 1972, le Front national a végété jusqu'en 1984 : aux élections européennes, le mouvement recueille 11 % des voix. L'adoption de la représentation proportionnelle lors des législatives de 1986 lui permet d'enlever 35 sièges à l'Assemblée nationale. Aux présidentielles de 1988, son leader Jean-Marie Le Pen obtient 14 % des voix. Quels sont les facteurs qui expliquent cette émergence du FN ? L'alternance, avec l'arrivée des « socialo-communistes » au pouvoir, radicalise certains électeurs de droite. La crise économique, face à laquelle la classe politique semble impuissante favorise, le développement de l'intolérance. Le FN mobilise sur les thèmes de la peur de l'immigration et de l'insécurité dans les grands centres urbains. Ses succès électoraux contribuent en retour à la diffusion de ces valeurs. Il défend l'identité française «menacée» et les valeurs «traditionnelles». Politiquement, les électeurs du FN proviennent essentiellement de la droite et surtout du RPR mais une frange minoritaire est également issue de la gauche, notamment socialiste. Sociologiquement, l'électorat est interclassiste, mais les ouvriers qualifiés, les petits commerçants, artisans et les patrons de petites et moyennes entreprises y sont surreprésentés. Le FN a un noyau dur de fidèles qui renouvelle sa confiance à chaque élection. Cependant, globalement, le vote FN est protestataire. Ainsi, seul un tiers des électeurs de Le Pen en 1988 se déclare réellement proche de ses idées. Les autres électeurs votent «contre», contre la classe politique, contre les institutions, contre les immigrés et non pour un parti et une idéologie extrême. D'où l'instabilité de cet électorat. Le vote FN traduit bien une crise de la représentation. Le Front national reprend, en partie, la fonction tribunitienne du PCF.

Mai 81 a sonné le glas du PCF : 20,6% des suffrages exprimés aux élections législatives de mars 1978, 9,2% en mars 1993. Les raisons de cet effondrement sont multiples : la classe ouvrière, pilier du PCF, à son apogée dans les années 70, a entamé son déclin : 42% de la population active en 1975, 32% en 1989. Avec la crise économique et industrielle, des bases ouvrières (mineurs, sidérurgistes, ouvriers du textile...), véritables bastions communistes ont été destructurées et ont pratiquement disparu. Dans le même temps, de nouvelles valeurs sont apparues dans la mouvance de mai 68, caractérisées par le rejet de l'autoritarisme, du collectivisme et par la montée de l'individualisme et du libéralisme culturel. Valeurs que n'incarne pas le PCF aux yeux des jeunes générations. En outre, le système institutionnel a nui au parti qui ne pouvait pas prétendre gagner les élections présidentielles. Enfin, la crise sociale, culturelle et politique, s'est doublée depuis 1986-1991, d'une crise idéologique provoquée par l'effondrement du modèle soviétique. Toutes les certitudes affichées depuis soixante-dix ans s'écroulent. Cet affaiblissement du PCF nourrit les rangs des abstentionnistes et des électeurs flottants.

Lors des élections européennes de 1989, les écologistes créent la surprise en recueillant 10,6 % des suffrages. Aux régionales de 1992, les deux mouvements écologistes, les Verts d'Antoine Waechter et Génération Écologie de Brice Lalonde rassemblent 14 % des voix. La mouvance écologiste émerge à la fin des années 60. Marginale, elle se compose alors de multiples associations et s'illustre notamment par la lutte contre le nucléaire. Les années 80 marquent la longue marche vers l'unification. En janvier 1984 naît le mouvement des Verts. Il revendique l'indépendance par rapport à la gauche et la droite et la volonté de faire de la politique «autrement». Mais les Verts ne réussissent pas à représenter toute la mouvance écologiste. Dès 1991, Brice Lalonde, ancien ministre du gouvernement Rocard, crée Génération Écologie qui se veut moins sectaire et plus pragmatique.

Les écologistes défendent le libéralisme culturel, remettent en cause radicalement la société capitaliste liée à la logique productiviste, s'opposent à la politique nucléaire, prônent une meilleure utilisation et répartition des ressources de la planète et proposent de partager le travail pour réduire le chômage. Sociologiquement, les électeurs écologistes sont jeunes, cadres, employés ou exercent une profession intellectuelle. Certains ont pris conscience de l'urgence des questions d'environnement (effet de serre, couche d'ozone, pollutions...), d'autres sont des déçus du PS, d'autres encore, surtout pour Génération écologie, refusent la pratique politique traditionnelle. Il existe donc une part de vote protestataire dans l'électorat écologiste. Expression, là encore, d'un mécontentement des citoyens.

La bipolarisation en question

Les électeurs éprouvent de plus en plus de difficultés à se repérer dans le champ politique : aux nouveaux partis s'ajoutent de nouveaux clivages et la difficulté des partis traditionnels à se définir clairement. L'émergence du Front national et du mouvement écologiste provoque de nouvelles divisions qui brouillent le paysage idéologique partisan. Elle entraîne une radicalisation des positions relatives au libéralisme culturel : les écologistes sont favorables à la suppression du service militaire, à l'autorisation en vente libre des drogues douces... rejetant les socialistes dans le camp conservateur et refusant toute alliance électorale nationale avec eux. Les « frontistes », à l'opposé, sont favorables à la répression de l'homosexualité, à une restriction du droit à l'avortement... et font apparaître la droite laxiste. Cependant, le FN est rejeté massivement par l'opinion française et les jeux de mots antisémites de son leader en font un partenaire peu recommandable. L'UDF et le RPR ont une marge de manœuvre étroite pour retrouver leurs électeurs perdus, pris en étau entre leur volonté d'intégrer des thèmes comme l'immigration dans leur programme et le risque d'une dérive qu'ils tentent d'éviter.

D'autres facteurs ont contribué à troubler l'image des partis de gouvernement. Tout d'abord, l'effondrement du PCF a eu pour conséquence une perte de repères pour les électeurs communistes et pour l'ensemble du monde politique. Le PCF avait une influence sur les partis de droite qui se définissaient en partie contre lui ; il exerçait une surenchère idéologique sur le PS, obligé du fait de sa présence de s'ancrer plus à gauche. Ensuite, l'alternance de 1981, avec pour les socialistes, l'acceptation des institutions et la conversion aux lois du marché et aussi la cohabitation de 1986 avec le relatif consensus sur la politique étrangère et de défense, obscurcissent les lignes de partage entre droite et gauche. En septembre 1992, lors du référendum sur le traité de Maastricht, le clivage européen achève de brouiller les repères des citoyens. Les partis politiques, en effet, se divisent sur la conception de l'Europe à construire. Pourtant, le clivage droite-gauche structure encore fortement les comportements car c'est un cadre de référence hérité du passé, inscrit dans les mentalités des Français.

Vers une recomposition du paysage politique dans les années 80

(Élections législatives, 1er tour, en % des suffrages exprimés)

	1978	1981	1986	1988	1993
Abst.	*16,6*	*29,1*	*21,5*	*34*	*30,7*
Nuls et blancs	2				5,3
PCF	20,6	16,1	9,7	11,2	9,2
PS + MRG	24,9	37,7	32,8	37,6	19,2
UDF	21,4	19,6	} 42,9	} 38,5	18,6
RPR	22,5	20,9			19,8
FN			10	9,9	12,4
Écologistes				0,4	7,6 + 2,5

La crise de confiance : une classe politique autiste

En cette dédennie 90, le contexte international entretient un sentiment d'inquiétude chez les Français. L'équilibre politique de la planète entre deux puissants blocs à l'Ouest et à l'Est, équilibre terrifiant mais rassurant dans la mesure où il se maintenait depuis 1947 sans affrontement direct, s'est écroulé laissant la place à un monde multipolaire où l'idéologie libérale semble triompher et au sein duquel les rapports, les règles internationales sont encore à définir. Les guerres civiles dans l'ex-Yougoslavie, en Somalie, les problèmes de reconstruction du Cambodge témoignent d'une impuissance de la communauté mondiale. D'autres enjeux majeurs nourrissent les craintes des Français face à l'avenir : l'incertitude sur le financement de l'assurance-maladie et des retraites quand la population «vieillit», la pression migratoire vers le Nord des populations d'un Sud qui s'appauvrit, la construction d'une Europe occidentale unie quand les nationalismes s'exacerbent à l'Est, le défi du développement urbain quand l'écart entre les centre-villes et les banlieues défavorisées se creuse, la défense de l'environnement quand les pays occidentaux réalisent que les ressources naturelles ne sont pas inépuisables et surtout la gangrène du chômage qui touche en 1993 plus de 3 millions d'actifs, dans une économie où le secteur tertiaire ne compense pas les pertes d'emplois de l'industrie... Les citoyens attendent des projets, des choix, des réponses que les partis politiques, impuissants, n'ont pas encore apportés. En 1991, 73% des Français affirment ne pas se sentir correctement représentés et 80% d'entre eux n'ont plus confiance dans les hommes politiques pour préparer la France aux nécessités de demain. Le divorce entre les Français et la classe politique s'aggrave en cette décennie 90. Les Français, déçus par les solutions proposées par le socialisme, en 1981 et en 1988, et le libéralisme, en 1986, s'éloignent des quatre grands partis traditionnels qui n'arrivent plus à incarner des forces de propositions crédibles. Les partis sont perçus comme des machines politiques tournant à vide, indifférentes à la société, préoccupées par la seule lutte pour le pouvoir.

Depuis la fin des années 80, le PS traverse une crise d'identité profonde. Outre l'usure du pouvoir, il est atteint d'un discrédit moral. Les scandales ont marqué la corruption de certains dirigeants socialistes par l'argent et le pouvoir. Les renoncements du PS, abandon d'une politique réellement tiers mondiste – soutien maintenu à des dictatures africaines – d'une politique écologique cohérente, de l'accueil des immigrés... nourrissent les désillusions de ses électeurs. Aucun renouvellement de programme face aux enjeux de la société

L'OPINION PUBLIQUE

L'opinion publique, telle qu'elle apparaît dans les sondages, est-elle une réalité ou une construction des instituts de sondages, des journalistes et des hommes politiques, ce qui permettrait alors toutes les manipulations ?

Selon la première hypothèse, les sondages, expression des citoyens, permettraient un dialogue quasi permanent entre gouvernants et gouvernés et amélioreraient donc le fonctionnement de la démocratie.

Selon la seconde hypothèse, les problématiques, c'est-à-dire les questions des sondages, sont imposées et servent à créer une opinion destinée à légitimer les actions des gouvernants. « L'opinion publique n'existe pas », c'est la thèse du sociologue Pierre Bourdieu. Chaque citoyen n'a pas nécessairement une opinion sur chaque question. De plus, l'opinion ne délibère pas contrairement aux représentants des citoyens au Parlement. Ce qui induit un danger pour la démocratie.

Il est incontestable qu'il existe un risque que les hommes politiques se conforment trop étroitement aux résultats des sondages et ne constituent plus une force de proposition.

actuelle. Aucune stratégie viable depuis la fin de l'union de la gauche. Leurre de l'ouverture au centre, mise en échec de sa volonté d'alliance avec les écologistes. De plus, la guerre de succession à François Mitterrand, publiquement ouverte, déstabilise l'unité du parti. Après la défaite historique du PS aux législatives de 1993 (17,4 % des voix), Rocard s'est emparé de la destinée du parti en s'opposant à Fabius, premier secrétaire de 1992 à 1993. Prélude à un renouveau du parti et à une recomposition politique ?

Les écologistes ont bénéficié lors de ces mêmes législatives, de l'effondrement du PS : 10,7 % des voix dont un tiers éparpillé entre diverses formations dissidentes. Cependant, pour la plus grande majorité des Français, le mouvement écologiste n'apparaît pas comme une alternative gouvernementale. Les écologistes sont perçus comme les défenseurs de l'environnement, non comme les porteurs d'un projet global de société et de gestion.

À ces mêmes élections, l'UPF, Union pour la France de l'UDF et du RPR, est victorieuse (39,7 % des voix au premier tour) mais ne gagne pas les voix perdues du PS. Le gouvernement du RPR Balladur entame, en adoptant un ton mesuré et un profil bas sur la question centrale du chômage, une nouvelle cohabitation sous la présidence de François Mitterrand. Unis pour gouverner, UDF et RPR ont envisagé, dès 1988, sous la pression des électeurs sympathisants, de fusionner. Cependant, la guerre des chefs sévit également à droite, malgré l'accord pour désigner un candidat unique lors des élections présidentielles prévues en 1995. Au sein de l'UDF, le CDS est, par ailleurs, régulièrement tenté par une autonomie qui favoriserait une recomposition du paysage politique. Cette droite est toujours divisée par des clivages transversaux à propos de l'Europe, de la politique économique ou des problèmes de société. L'arrivée au pouvoir d'une droite traditionnellement perçue comme compétente dans le domaine économique, n'a pas provoqué la reprise de confiance espérée des consommateurs et des entreprises. Le malaise des Français quant à l'impuissance des partis politiques à résoudre la crise risque de durer. De plus, le FN constitue toujours une menace pour la droite modérée : avec 12,4 % des suffrages aux législatives de 1993, il s'enracine.

Après la disparition d'une IVe République caractérisée par l'instabilité gouvernementale et les errances du corps électoral, les trente premières années de la Ve ont donné l'illusion que le régime s'identifiait désormais à la stabilité. Or depuis la fin des années 80, avec l'apparition de nouvelles formations et la crise d'identité des quatre grands partis qui structuraient le système politique, cette stabilité semble remise en cause. Dans toutes les démocraties occidentales, les partis de gouvernement reculent. Crise générale de civilisation, le monde ayant perdu ses repères idéologiques ? Simple crise de la représentation ? Ou crise de la démocratie française qui voit ses deux piliers séculaires, l'État et les idéologies s'effondrer ?

La société française change et les partis semblent incapables de répondre à ces mutations. Avec la croissance des couches moyennes salariées, les modes de vie s'unifient et les antagonismes sociaux traditionnels s'atténuent. Cette décennie 90 a marqué la fin des grandes idéologies globalisantes : l'espoir de voir s'instaurer une nouvelle société communiste s'est évanoui avec l'écroulement du modèle communiste soviétique et la croyance libérale dans le progrès inéluctable de l'Histoire s'est effondrée. Le modèle français se désagrège, l'État-providence est sous perfusion : faillite de l'assurance-chômage, difficultés de la Sécurité sociale... Face à l'avenir, l'inquiétude, la crainte de l'exclusion et le sentiment de solitude se répandent. D'où un repli sur la sphère du privé. Depuis les années 70, les identités sociales et culturelles traditionnelles, comme la religion catholique, s'érodent et la société évolue du collectif à l'individu. D'où un rejet des structures uniformes et rigides – comme l'armée, l'Église, l'État centralisateur, les partis et les syndicats – et des modes de relations autoritaires et hiérarchiques. De 20% en 1978, le taux de syndicalisation a chuté à 10% en 1992. Les revendications s'expriment hors des structures établies, sous la forme de coordinations telle celle créée en 1988 par les infirmières. De nouveaux rapports au politique se dessinent, fondés sur la responsabilisation, la participation et le libre choix. Face à ce constat, les analystes se divisent. Certains rappellent que la dénonciation des partis n'est pas nouvelle. Au début du siècle, le politologue Ostrogorski accusait les partis d'exercer une pression collective sur la pensée des citoyens et de confisquer leurs droits et leurs devoirs. Il préconisait la création de partis temporaires, groupements se constituant sur un objectif spécifique et disparaissant, une fois l'objectif réalisé. Le parti serait alors ramené à son rôle de moyen et cesserait d'être une fin en soi.

Pour d'autres analystes, les citoyens ne veulent plus que la politique se joue sur un mode théâtral. C'est la fin des absolus. On entre dans l'ère de la «politique modeste». Le système politique s'oriente vers un recentrage idéologique et une atténuation des clivages avec la formation de deux forces principales situées de chaque côté de l'axe politique. Sur le modèle américain, les partis évoluent vers un nouveau type de formation «attrape-tout» dont les caractéristiques sont une composition sociologique proche de la société et un vide idéologique masqué par le consensus sur la démocratie. Ils sont traversés de plusieurs tendances : européens et nationalistes, permissifs et répressifs, étatistes et libéraux... Ces partis «attrape-tout» voudraient gommer les différences politiques alors que la politique est justement la gestion de la différence.

Enfin pour les derniers, tel le politologue Gérard Grunberg, «il n'y a pas de crise idéologique ni d'affaiblissement des antagonismes politiques. Le développement du Front national et du mouvement écologiste les ont au contraire avivés. La France traverse une crise de la représentation : ou les partis ne se montrent pas capables de prendre en charge les grandes préoccupations qui se font jour dans cette opinion ou bien les clivages idéologiques partisans actuels ne correspondent plus aux grandes tendances de l'opinion». Une réorganisation des partis et une recomposition des alliances et du système politique seraient alors nécessaires.

CHRONOLOGIE

1946 : Élection d'une nouvelle constituante après l'échec du référendum sur le premier projet de Constitution et adoption de la nouvelle Constitution par référendum.

1947 : De Gaulle fonde le Rassemblement du peuple français ; fin de la participation des communistes au gouvernement ; grève générale.

1954 : Formation du gouvernement Mendès France ; début de l'insurrection algérienne.

1958 : De Gaulle, président du Conseil ; approbation de la constitution de la Ve République.

1961 : Approbation de l'autodétermination en Algérie.

1962 : Accords d'Évian scellant l'indépendance de l'Algérie ; adoption par référendum de la révision constitutionnelle sur l'élection du président de la République au suffrage universel direct.

1965 : De Gaulle élu président de la République.

1968 : Événements de mai.

1969 : Rejet du référendum sur la participation et démission du général de Gaulle ; Pompidou élu président de la République.

1971 : Congrès d'Epinay donnant naissance au Parti socialiste.

1972 : Signature du programme commun PCF-PS.

1974 : Mort de Georges Pompidou et élection de Valéry Giscard d'Estaing à la présidence de la République.

1977 : Rupture de l'union de la gauche.

1981 : Mitterrand élu président de la République et victoire de la gauche aux élections législatives.

1986 : Victoire de la droite aux élections législatives et début de la cohabitation.

1988 : Mitterrand réélu président de la République et victoire de la gauche aux élections législatives.

1993 : Victoire de la coalition UDF-RPR aux élections législatives et début de la seconde cohabitation.

LEXIQUE

ADHÉRENT : Individu qui possède la carte d'un parti.

MILITANT : Adhérent qui s'engage dans la vie et la promotion d'un parti.

PARTI DE CADRES : Parti fondé sur les notables et les élus (exemples : UNR, Parti républicain, Parti radical).

PARTI D'ÉLECTEURS : (ou parti « attrape-tout ») Parti tourné vers les électeurs (exemples : UDR et RPR, PS actuel).

PARTI DE MASSE : Parti fondé sur les militants et sur un encadrement idéologique et moral des masses (exemples : RPF, SFIO, PCF).

REPRÉSENTATION PROPORTIONNELLE : Mode de scrutin à un tour, qui permet de répartir les sièges en fonction du nombre de voix obtenues par les différentes listes en présence.

SCRUTIN UNINOMINAL MAJORITAIRE À DEUX TOURS : Mode de scrutin dans lequel les électeurs votent pour un candidat dans une circonscription. Si le candidat n'obtient pas la majorité absolue des suffrages exprimés au premier tour, il y a ballottage et un second tour où la majorité relative suffit.

SYMPATHISANT : Individu qui approuve l'essentiel de la politique d'un parti sans toutefois y appartenir.

BIBLIOGRAPHIE

Serge Berstein, *La France de l'expansion. La République gaullienne* (Le Seuil, 1989)

Borella François, *Les partis politiques dans la France d'aujourd'hui* (Le Seuil, 1990)

Jacques Julliard, *La IVe République* (Pluriel, 1980)

Georges Lavau, *À quoi sert le PCF ?* (Fayard, 1981)

Nonna Mayer, Pascal Perrineau, *Le Front national à découvert* (Presses de la FNSP, 1989)

René Rémond, *Les droites en France* (Aubier, 1982)

Jean-Pierre Rioux, *La France de la IVe République,* tome 1 *L'ardeur et la nécessité* (Le Seuil, 1980) ; tome 2, *L'expansion et l'impuissance* (Le Seuil, 1983)

Jean Touchard, *La Gauche en France* (Le Seuil, 1981)

Colette Ysmal, *Les partis politiques sous la Ve République* (Montchrestien, 1989)

Achevé d'imprimer par Maury-Imprimeur S.A.
45330 Malesherbes
N° d'imprimeur : 43996 F
Dépôt légal : 9174 – Août 1993